ちくま新書

日本が壊れていく
——幼稚な政治、ウソまみれの国

斎藤貴男
Saitoh Takao

1355

日本が壊れていく——幼稚な政治、ウソまみれの国【目次】

はじめに

2018年夏現在、日本は独裁権力によるファシズム国家に堕している。小泉純一郎政権が新自由主義を教義とする構造改革を強行し始めた2000年前後から、いずれこうなるに違いないと恐怖していた私は、機会を捉えては警鐘を乱打し続けたが、空しかった。何を書こうと話そうと、事態は何も変わらず、わかりきっていた通りの結果が導かれた。

だが私は絶対に諦めない。本書は今日に至るまでの過去数年間、どうにかしてファシズムの蔓延を阻止したいと願い、雑誌などに書き綴ってきた文章をセレクトし、編んだものだ。状況の批判や背景の解説だけでなく、それでも抗う漫画家、志半ばにして倒れた俳人の素晴らしい人間像を描いた人物ルポも収めた、盛り沢山の構成になっている。

初出当時は十分に伝わらなかった指摘でも、ステージが移った現在なら、この危機感を読者と共有できるはずだと信じている。3人の元自民党大物政治家へのインタビューを基に政治の現状を論じた新章を追加したが、彼らの安倍政権論はそれ自体が重要であると同時に、図らずも私の現状認識が過剰でも偏向でもないことの証明にもなってくれた。

この国が壊れる前兆のような事件が、7月5日の夜に起こった。間もなく死者二百数十人、重軽傷者約400人を数えることになる西日本豪雨の初期——一部地方では避難勧告が出され、気象庁も午後2時には「記録的な大雨となる恐れ」を警告。午後5時台には「厳重な警戒」を呼びかけていた——に、安倍晋三首相と取り巻きの自民党幹部、中堅・若手議員ら総勢約50人が衆院赤坂議員宿舎に蝟集《いしゅう》し、乱痴気騒ぎを繰り広げた。

名づけて「赤坂自民亭」。翌日に麻原彰晃（63歳）とオウム真理教幹部6人の死刑執行を控えた上川陽子法相が〝女将〟役を務めた。小野寺五典防衛相も参加して、防衛省からの報告を受けては、一杯やりつつ自衛隊に救助活動の指示を出していた（小野寺防衛相は一旦これを認めたが、後に「酒席の場で連絡を受けたり、報告をしたりということはない」と否定した）。

翌々7日の午後いっぱいを、安倍首相は私邸で過ごした。豪雨がいっそう激しさを増し、死傷者はすでに合計100人を超えていた。彼らがせめて誠実なポーズくらいは演じて、真っ当な救援体制を敷いていてくれたらと、嘆かずにはいられない。

被災者を尻目に大いに盛り上がった大宴会の模様は、数日後、西村康稔官房副長官（55歳）のツイッターで露わになった。内部告発ではない。彼は20人あまりが満面の笑顔とVサインで盃を交わしている集合写真や、安倍氏と岸田文雄政調会長（元外相）のツーショットをアップして、〈いいなあ自民党〉と、はしゃぎまくっていた。だが、権力に飼い馴らされたマスメディアの反応は鈍く、さしたる追及もなされないまま、それきりになった。

この宴席は、もともと9月末の自民党総裁選に向けた安倍氏の根回しが目的だったと言われる。かねて出馬を囁かれていた岸田政調会長が出席した意味は、やがて明白になった。岸田氏は7月24日に記者会見を行い、総裁選への不出馬と、安倍現総裁の三選支持を表明したのである。翌々26日付の『読売新聞』朝刊によれば、彼は安倍氏の恫喝に屈したらしい。「（総裁選に）出たら、処遇はできないよ」と〝最後通告〟を受けたのだという。

私は本書の第1章で、〝赤坂自民亭〟より前に行った古賀誠氏へのインタビューでの、岸田氏の総裁選出馬に関する一問一答を取り上げている。彼らは自民党宏池会の前会長と現会長という関係だからだが、事態はその時点で古賀氏が望んでいたようには進まなかった。はっきりしていることがある。古賀氏は岸田氏に、「国民に語りかけてほしい」という期待をかけている旨を、私に語った。その言葉に嘘がなければ、という前提での話だが――。

古賀氏は正論を述べていた。それでも当面の保身を優先した岸田氏の行動を責めるのは、主権者たる私たちとしては当然のことだ。ただ、親分の期待を裏切ってまで安倍氏の軍門に下った男にしてみれば、現在の日本国民など、もはや尊重する価値もない存在に成り下がっているということではないのか。そんなふうにも私は考えてしまう時がある。

ひとり岸田氏にだけではない。安倍政権がここまで国民を舐め切った態度を取り続けるのも、もちろん彼らの幼児性や無能さ、歪んだ選民意識などが決定的な大問題ではあるのだが、一方では、そんな連中にさえ見限られてしまっている私たちの側にも、一定の責任があるように思えてならないのである。

……つい、熱くなった。ここではこれ以上を書くのをやめよう。読者にはとにかく本文を読んでみてほしいのだ。編集者の齋藤則教さん、筑摩書房の永田士郎さんに感謝する。

2018年7月　　斎藤　貴男

第 1 章

このままでは国が壊れる
——古賀 誠・小沢一郎・亀井静香氏に聞く

（写真提供：時事通信社）

†政治にとっていちばん大事なバランスが失われた

19世紀英国の歴史家、トマス・カーライル（Thomas Carlyle、1795〜1881）は言った。

「この国民にしてこの政府あり」と。

当時の大英帝国の政治を自画自賛したのではない。もともとはやはり英国の修道士による「国民は、自分たちと同じ程度の政府しか持てない」という発言に学び、カーライル自身の言葉で表現したものである。

あまりにも有名な格言だ。

2018年の6月から7月にかけて、かつて自民党の実力者と謳われた3人の政治家に会った。古賀誠、小沢一郎、亀井静香。まだ現役の衆議院議員でいるのは小沢だけだが、いずれも政治の現状に一家言のある大物である。現時点での古賀、小沢の認識は私にも近い部分が多くあり、亀井の話にも基本的に深い共感を覚えた。本章では、彼らとの一問一答を中心に、この国が壊れつつある状況を検証してみたい。

＊

古賀誠（1940年生まれ）は、運輸相や党幹事長、宏池会会長などを歴任した。人呼んで〝道路族のドン〟。幼少時に父親が戦死し、残されて苦労する母親を見て政治を志したという。参院議員秘書を経て40歳で衆議院議員選挙に旧福岡3区から出馬して初当選。以来、10期連続で当選を重ね、2012年に政界から引退した。

――私たちジャーナリストは権力批判が仕事です。私もそうしてきましたが、それでも以前は、自民党政治に対する一定の信頼というか、世の中を信用できているところがあったのです。しかし、現政権のように公文書の偽造や改竄が当たり前になってくると……。

古賀　そういう個別の問題については、おっしゃるように、ご批判や評価がいろいろあると思う。ただ、今のご批判に対してお返しするわけではありませんが……。

古賀はここで、「みなさんには釈迦に説法かもわかりませんが」と断りつつ、冒頭のカーライルの名言を引いた。

古賀　彼は大英帝国の政治を喝破したわけです。そう、現在のわが国も、まさに「この国民にしてこの政府あり」なのですね。現行憲法が平和主義、基本的人権の尊重とともに保障している主権在民の政治にあって、まさに天に唾するような話をわれわれはしていることになります。しかし、この国民にしてこの政府ということを最初に申し上げておくことは大事なことだと思うのです。

——身の丈に合っていると言われれば、本当にその通りだと私自身も感じています。

古賀　しかし、だからといって、国民の選択の間違いだとは、われわれ政治家は言えない。政治家がどれだけ自覚と責任感を持っているかという問題ですから。この国民にして……だけで片づけるというのは本末転倒の話であって、だからこそ、どこが間違いで、どこが変わってきているのかを、私たちは反省していかなければならないだろう。そういうご指摘がいま国民の間にあるということ自体に対して、謙虚な姿勢を求められている。それは当然のことだと思います。

——前を向いた議論が必要なのですが、その前に現実を見据える意味で、どうしてこんなことになってしまったのでしょうか。

古賀　ひとつは、政治を命がけでやる志のある人たちが選択できる制度なのかということ。つまり選挙制度も大きな要因のひとつだろうということです。

同時に戦後70年、先人、先達の政治家も素晴らしかったし、なんといっても国民の勤勉さが、いまの幸せな日本をつくった。豊かで幸せな国になったために、政治に対する国民の期待感がきわめて希薄になってきてしまったのは、残念ながら事実だろうと思います。

そうした状況のなかで、いまわれわれが最も反省すべき点は何かというと、要は政治がバランスを失くしている。この一語に尽きるのではないでしょうか。

権力者が権力を思う存分に使う――ということは、一番大事なバランスが、政治、行政、司法の場においてもすべて失われつつあることを意味します。民主主義にとって何よりも大切なバランスが失われ、政党政治が劣化してしまっているのです。

†主権者である国民の責任は大きい

古賀の話はここから本題に入っていった。彼の慎重な物言いに、私はかえって現政権への激しい苛立ちを感じさせられることになるのだが、ここではその前に、小沢一郎（1942年生まれ）の話を紹介しておきたい。理由はすぐにわかっていただけると思う。

言わずと知れた田中角栄元首相の秘蔵っ子、長じて自治相や自民党幹事長を歴任して〝剛腕〟の異名を恣《ほしいまま》にした男。党を割ってからは新進党や民主党の代表や幹事長、生活の党代表などを経て、現在は「生活の党と山本太郎となかまたち」改め自由党の共同代表だ。
小沢はのっけから辛辣だった。

小沢　安倍さんそのものについては論評するのも馬鹿馬鹿しいくらい。一番の問題は安倍さん自身の政治に対する考え方が根本的に間違っていること。僕は個人的には何の恨みもないし、むしろ親父さん（故・安倍晋太郎＝元外相、元自民党幹事長）に世話になったから、本来なら安倍さんにシンパシーを感じているほうなんだけれども、ちょっともう、どうしようもないねえ。

何がどう間違っているのかについては、これも後でまとめて論じる。小沢はここまで語ってから、次のように続けたのだ。

小沢　では、（政権が続いているのは）なぜだということになる。野党の責任が政治、永田町のレベルでは一番大きいのだけれども、やはり国民が主権者である以上は、主権者らしい認識と行動をとってもらわなくてはいけない。

日本は非正規雇用ばかりが増えているとはいえ、みんな食っていけている。それに日本人はおとなしいし、性格も内向的で消極的だから、なかなか実際行動に出ない。選挙の投票率も低い。デモといっても大したことがない。これらは日本人のよくないところだ。安倍さんみたいなことをやっていたら韓国なら大統領は退陣させられる。

僕はいつも憎まれ口を叩いているのだけれども、やはり民主主義は選挙だ。そう言うと、メディアの連中は小沢は選挙のことばかり言うと批判するが、選挙は民主主義の根本です。この時しか主権者には主権を行使する機会がない。だけど投票に行かないんだ、みんな。日本の一番の問題は、棄権が多すぎることですよ。

それで選挙が終われば、安倍さんを見ればわかるように、好き勝手なことをやっている、選挙で話していたこととはまったく別のことを。そこを国民はよく考えないといけない。この国民自身の問題と、もうひとつはやはり、それと似たり寄ったりの感覚でいる政治家の問題。この両面があると思います。

カーライルを小沢は持ち出さなかったが、言わんとするところは古賀と変わらない。この議論には大いに共感せざるを得なかった。

†第二次安倍政権以後、人倫は地に堕ちた

2012年12月に誕生した第二次安倍政権がこの間に何をしてきたのかは、あらためて詳説するまでもないだろう。

自民・公明の連立与党の圧倒的な議席数を頼んで、たとえば集団的自衛権の行使を容認した安全保障法制（戦争法制、公式には平和安全法制）をはじめ、国民の知る権利を大幅に制約する特定秘密保護法（秘密法）、自由な言論表現を制限し、「話し合っただけでも罪になる」と言われる共謀罪の新設を盛り込んだ組織犯罪処罰法、将来世代の給付減を確実にした年金改革法（年金カット法）、利用者や家族の負担増をもたらす改正介護保険法、ギャンブル依存症の新たな温床になり得る統合型リゾート（ＩＲ）整備推進法案（カジノ法）、過労死や過労自殺の現状以上の増加を招くと見られる働き方改革法（働かせ方改革法）等々、憲法の三大原則である戦争放棄や基本的人権の尊重、そして他ならぬ主権在民を侵害しかねず、国論を二分する法案を次々に強行採決した。

いわゆるモリ・カケ問題――学校法人森友学園が首相夫人の口利きで大阪府豊中市の国有地を相場の十数分の一の価格で払い下げてもらった疑惑と、国家戦略特区に指定された

愛媛県今治市にやはり学校法人の加計《かけ》学園が、傘下の岡山理科大学の獣医学部を新設するのにこちらは首相本人の口利きを得て工作したとされる疑惑――をめぐる公文書の改竄や偽造、関係者たちの口裏合わせ。公文書の隠蔽は自衛隊の南スーダンPKOでも発覚した。

あるいはまた、核実験や日本周辺海域への弾道弾ミサイルの発射実験を重ねる北朝鮮に対して圧力一辺倒の発言のみを繰り返し、トランプ米大統領にアメリカ製の兵器を大量に購入することを約束させられた挙げ句、肝心の米朝首脳会談では事前にも事後にもまるで蚊帳の外に置かれた醜態……。

何もかもがいま、根幹から変質させられつつある。民主主義を〝多数派の絶対〟と短絡し、少数者や社会的弱者の悲鳴には耳を貸すどころか嘲笑で応える政権によって。それは国家レベルの問題だけに限らない。日々の報道を見聞きしても、いや報道そのものも、あるいは私自身の日常生活を通しても、社会全体が荒廃し、人倫が地に堕ちつつある現実を痛感せざるを得ない。

2007年9月〜2008年9月まで首相の地位にあった福田康夫は2017年8月、共同通信のインタビューに応じ、特にモリ・カケ問題における官僚たちの政権への忖度ぶりに言及して、「各省庁の中堅以上の幹部は皆、官邸（の顔色）を見て仕事をしている。

恥ずかしく、国家の破滅に近づいている」とまで述べていた。そのことを私たちはどう考えるのか。それが問題なのだ。

安倍首相はすでに2017年12月の時点で在任5年目を迎え、第一次政権時代（2006年9月〜2007年9月）と合わせた通算在職日数で2193日を超えた。戦後の首相では佐藤栄作（2798日）、吉田茂（2616日）両氏に続く第3位の座につけており、2018年9月末の自民党総裁選に出馬して三選を果たした場合、戦前を含めた歴代1位の桂太郎氏（2886日）を抜き、憲政史上最長の政権となる可能性が出てくる。

「この国民にしてこの政府あり」。だからこそ、カーライルの言葉を嚙みしめたい。古賀、小沢の両氏に言われるまでもなく、主権は私たちの側にあるのだから。その上でお2人の話に、しっかり耳を傾けよう。

†55年体制は談合政治だが活力があった

ストレートでわかりやすい話題から進めていく。小沢一郎はどうして、「安倍さん自身の政治に対する考え方が根本的に間違っている」とまで酷評したのか。

小沢　政治の役目は、国民の暮らしと命を守り、向上させることです。それこそが政治の責任なのだと、私は考えている。

となると、やっぱり富の公平な分配、機会の均等という言い方でもいいが、それを心掛けるのが政治の役割だということになるのだが、彼はまったく違う。強い奴が儲ければいい。そのうちおこぼれがお前らにもいくよ、と言っている。根本的に政治の捉え方、考え方が間違っている。だから安倍さんを支持できない。個別のことはいろいろあるけれどもね。

――国民の責任というお話には、返す言葉もありません。ただ、それは私たち自身が主体的に猛省すべき問題です。今、ここでは政治家の問題というのを少し詳しく。

小沢　野党も与党も両方とも似たようなものだよ、最近は。昔風に言えば、誰も天下のことを考えなくなったし、言わなくなった。

以前はこういうことはなかった。戦後の55年体制は、事実上の談合という側面はあったにせよ、建て前であったにしても、社会党はあるべき社会の姿、世界の姿はこうあるべきだと主張していた。自民党内でも、俗にいう反主流派の人たちは総裁批判、総理批判をきちんとやっていた。

活発で、エネルギッシュで、ダイナミックで、ある意味で政治らしい状況だった。少なくとも表面的には。いまはまったくそうした活力がない、与党にも野党にも。与党はみんな政府の悪口を陰でこそこそ言うだけだ。

――これだけさまざまな不祥事が問題になっているのに、俺が(首相の)首を取ってやるという人が出てこないのがおかしいと思うのですが。

小沢 そうそう、もう引っ込めと言わなくちゃいけない。小選挙区だろうが中選挙区だろうが――選挙に弱い年次の若い議員たちは仕方がないかもしれない、権力を持った総理に歯向かえないからね。でも選挙地盤も安定していて、安倍首相が邪魔しようが何をしようが落選しない人たちまで、だんまりを決め込むというのはどうだろう。前から言っているんだ。石破(茂)君でも野田(聖子)君でも、他にも何人かいるけれど、彼らはなぜもっとはっきりものを言わないのかと。

ちょっと僕はどうかと思うな。しかしまた、それ以上に野党がしんどい。

――たとえば審議拒否だ、けしからんと言われるとすぐにオタオタしてしまいますね。

小沢 審議拒否じゃないよ。与党は嘘を言って情報を隠してばかり。これじゃ議論にならないじゃないかとなぜ言わない。

静かにスムーズに国会審議は進んでいる。だから野党はいるのかいないのかわからないという話になってしまう。野党が本会議、委員会で何百時間しゃべったって、国民に伝わらなければ何にもならない。議論していればいいというものではない。

メディアはトラブルがないとろくに報道しない。国会がもめれば国民は関心を持つようになり、善し悪しの判断をする。なぜ野党の連中は実力行使までして暴れるのか、いったいなぜなんだと考える。政治レベルが低いと言ってしまえばそれまでだが、野党は審議拒否と言われるのを恐れてはいけない。

†アメリカの言いなりになるのは保身のため

——福田康夫さんが共同通信のインタビューで、「このままでは破滅する」と、首相経験者とは思えない踏み込んだ発言をしていましたね。

小沢　誰でもそう思うんだよ。あまりにも幼稚であまりにも愚劣で、論評するに堪えないよ、この政権は。ひとりで無邪気に自分だけでいいと思っている。それが困っちゃう。誰も諫める人がいない。驚きだよ。

——私はもともと野党的な考え方なのですが、ここまで来てしまうと、愛国心じゃないですけれども、日本は終わりだと本気で心配しています。

小沢　いや本当にそうだと思うよ。気がついたときは引き返せなくなってしまう。米朝会談だと朝から晩まで騒いでいるけど、これでうまくいくとはなかなか思えないし。北東アジアの不安定さは今後も続く。どうするんだ日本は。

――日本は蚊帳の外で相手にもされてないようですね。

小沢　日本には自己主張がないし、自立していないんだから。自立していない人間は相手にされない。

――戦後の枠組みが最初からそうだと言ってしまえばそれまでですが、田中（角栄）政権の時などは、自立に向けていろいろとやろうとしていたのではないですか。それがまた完全に戻ってしまっている。

小沢　安倍さんの頭の中には、あるイメージがしっかりできているのではないか。ぜんぜん論理的ではないけれども。じっちゃん（岸信介元首相）から聞かされた言葉が頭の中に残っているのではないか。そんな気がするな。

経済大国である日本は軍事的にも世界に対して影響力を持たなくてはならない。そして北朝鮮には中国がついている。これと対抗するんだということだろうね。

――大日本帝国の復活ですか。それにしてはアメリカの家来みたいな帝国ですね。まるで漫画です。

小沢　アメリカの言うとおりにやっているのは、自分の保身のためだと思う。心情的には大日本帝国の岸信介の流れからすれば、親米、アメリカ従属は嫌なはずではないか、本来は。けれどもいま日米関係がダメになれば（自民党政権は）アウトだから、保身のためにアメリカ、アメリカと言っているのだろう。

†世界との友好関係の構築が日米の信頼強化につながる

古賀誠は「バランスが失われている」「政党政治が劣化している」と語っていた。感覚的には理解できるが、古賀自身は具体的にどのような現実を指してそう表現したのだろうか。私は小沢一郎の発言も含む過去の取材経験を思い起こしながら、対米関係について、次のように水を向けてみた。

――安倍政権というより自民党全体に言えるのかもしれませんが、やっぱりアメリカが絶対という考え方になるのでしょうか。

古賀　いやいや、僕はいまそのことの大切な問題が出てきていると思っています。アメリカとは確かにすべての面で、外交の基軸であり、誰も否定しません。また、そうであるべきだと思います。

しかしそのことと、アメリカになんでもかんでも追随するのとは違います。アメリカを外交上すべての面で基軸とするけれども、それと同等に世界のあらゆる国と友好関係を構築する。とりわけ、隣国の中国、韓国――今後は北朝鮮も入ってくると思いますし、入ってくるべきだと。わが国としてどう信頼関係をつくっていくか、それが求められている。そのことが日米の信頼にも繫がっていくという、まったく逆の考え方が必要です。

米朝のトップ会談を見て、先輩の先生が、政治家は永田町という限られたスペースだけで考えるが、日本の政治だけで自立して動いているんじゃない、日本の取るべき道、考え方は、つねに国際社会、国際政治の影響をもろに受ける、それを忘れてはいけないと教えてくれた。まったくそうだと思います。

いまのような、トランプさんと何でもかんでも一緒になってやっていくという姿勢じゃねえ。まず北朝鮮が相手にしませんよ。金正恩委員長は、ありゃなかなか大したものですよ。今回独り勝ちだよ。あんな小さな国で。

†権力者は権力を振り回してはいけない

――わからないのは、政治家のみなさんが安倍さんの何をそれほど恐れているのかです。ぺいぺいの議員はともかく、石破さんとか野田さんとか、放っといても当選する人が大勢いるじゃないですか。そういう人たちまでがほとんど沈黙しているのはなぜでしょうか。

古賀　安倍さんにというよりも、現在の体制の中で、自民党の場合は総裁イコール総理大臣。そのポストに就いているということですよ。

彼に限らず、そのポストに就いたら権力を持って、その権力を行使したら、それは異常に恐れられる人になる。ですから安倍さんがなぜそんなに恐れられるのかと聞かれれば、あの人は権力を行使するから、振り回すからです、と答えるしかありません。

――権力をむやみに振り回さない人もいたということですか。

古賀　権力者はその権力を鞘に納めとかなくちゃいけない。抜いたらそれまでなんです。いままでの総理大臣は、権力を持てば持つほど、行使するには十分な注意と誠実さと謙虚さが必要だと考えていた。田中角栄さんや竹下登さんは、国民に非難されることもありましたが、あの人たちには絶妙の誠実さと覚悟がありましたね。竹下さんはどうしても消費税を導入したいという時も、政権と引き換えにやった。

それを権力を振り回したとは言いません。竹下さんのころは中選挙区だったということもあるかもしれません。小選挙区は権力を振り回すことができる制度です。それでも福田康夫さんはそんなことはしなかった。だが安倍さんは振り回す。しかも周りの人間までが。だから力がある。

本人は特に意識していないはずです。なんで俺がそんなことを言われなくちゃいけない、周りがそうしているだけじゃないか、そう思っているかもしれない。しかし権力者になれば、自分の周りに集まってくる人間には用心しないといけません。それが権力者にとってとても大事なことなんです。

結局、志なんですよ。権力というのは恐ろしい。だから最初に、何が一番間違っていますかというご質問があった時、バランスを崩しているとお答えしたのです。政党政治が劣化して、権力を振り回す権力者をチェックする機能を失い、政府、政権の一強体制になってしまった。以前は政府、政権とそれをつくりあげている政党とがお互いにチェック・アンド・バランスを発揮していた。そういうものだった。

たとえば法案を出すにしても、与党があらゆる機関で審議して議決し、初めて国会に提出する。いまも党の機関で議論はしますが、政府がいいと言うならこれでいいじゃないかということで収まってしまう。

――安倍さんは権力のダンビラを抜きっ放し。周囲にもろくな人がいません。

†小選挙区制が自民党総裁の独裁を招いた

小選挙区制の話が出た。議員定数と選挙区を同数に設定することで、ひとつの選挙区からは1人しか当選できないようにした現行選挙制度のことである。

政治改革の一環として1994年に導入された。当初は従来の中選挙区制と比べて、①中道的な政党の候補者が有利で、穏健な二大政党制が実現しやすい、②従来の中選挙区制のような同じ政党の候補者同士の争いがなくなると同時に、政党間の政策論争が活発になる、などの利点が強調されて、実際にも2009年には民主党による政権交代が果たされもした。けれども2012年に自民党が政権を奪回すると、その弊害が目立ってきたと指摘されている。

もともと小選挙区制には、①死票が多くなる、②少数意見が封殺される、③有権者の選択肢が限定される、などの不安がつきまとい、一般的な懸念でもあった。だが古賀は、ここではあくまでも与党内の腐敗を招く元凶として、小選挙区制を論じた。

古賀　確かに中選挙区制には負の部分もありました。同じ政党内でのサービス合戦になるからお金がかかる。派閥が生まれ、無意味な争いが生まれてくる。ご案内の通りです。

しかし、一方では政党政治の活力、エネルギーを生み出してもいたんです。しかし小選挙区制になって、要は政党の選挙になってしまった。党内で選ばれればほぼ当選が間違いない。また小選挙区比例代表並立制（1人の有権者が2票を持ち、総定数のうち一定数を小選挙区で、残りを比例代表区で分け合う。後者の当落は政党が届けた名簿順による。各候補者は両方の立候補が可能）の下で、特に政権与党の候補者は、選挙区で負けても比例では当選できたりします。これでも選挙でしょうか。

中選挙区は、言わば個人の選挙でした。だから勉強しないといけないし、選挙区には個人の後援会も必要だった。そうやって競っていた。それが政党の組織選挙に代わって、自分の力というより、政党に吹いている〝風〟（風向き）とか、総裁の顔で当選が決まってしまう。なるほど後援会のような、中選挙区の負の部分をもたらしていたと言われるものは消えました。が、それは個人の政治家としての研鑽の場でもあったのです。

結果として、党の執行部に権限が集中し、個々の政治家は自らが描く国のかたち、政策、そういういちばん大事なものが総裁に忠実でないと公認が得られないことに、自然となってきた。これでは誰が総裁でも独裁になり得るわけですよ。わが党も政治改革では大変な議論をやりました。その頃から最も心配だったところが的中してしまっている。

——すると、憲法改正の問題でも、現在の自民党では、何が何でも（改正したい）という人ばかりではなくても、そうは言えなくなってしまうということですか。

古賀　大方の人はそう（何が何でも、ではない）だと思いますよ。表に出てこないだけだ。これだって結局、総裁が憲法改正するんだと言うと、その考えに従えない人は公認しないよとなってしまう。

郵政改革の時の小泉（純一郎）政権もそうでしたね。違う考えの人に対しては、幹事長らの公認権（政党として公認する権限のこと）まで奪った。〝刺客〟なんてとんでもない話です。あの政権の5年間が、日本のいまの政治、一党支配を創り上げたと言ってもいい。自由民主党の良き歴史と伝統を壊してしまった。

——小泉さん本人が叫んでいた「自民党をぶっ壊す」が本当になった、と。

古賀　そうですね。哲学も志もなくそうしてしまっているとしたら、残念の極みです。

†憲法9条の理想を実現するのが政治の役割

安倍政権を語るのに、憲法改正問題は避けて通れない。古賀の話を続けよう。

——古賀さんはかねて、いまの憲法は変えてはいかんのだとおっしゃっていますね。

古賀　これは誤解がないようにしたいのですが、日本国憲法には96条に改正手続きが書いてある。だから国会議員は常に憲法というものについて勉強して学習するのが当然だと思います。その時代に必要なもの、逆にもう時代に合わなくなったものがあるかもしれない。憲法議論は国会議員の最大の責務と言っていいでしょう。

ただしそこに流れる3つの精神、平和主義と主権在民、基本的人権の擁護というこの精神だけはつねに忘れてはならないと思います。9条は先人や先達が先の大戦で得た決意と覚悟の中でつくった条文だと思っています。憲法論議は必要だけど、9条の議論が出てくるのには非常にアレルギーを感じますね。

ましてや政権のトップが9条の議論をやるというのは本当におかしな話です。憲法とは国の最高法規であり、国民に対して国の基本的な方向や基本姿勢を書いている。変える必要があると国民から提起されたなら、詰めた議論をしていかなければならないが、最高権力者が言い出すというのには、私はどうしても納得できません。

――とはいうものの、自民党は結党以来、自主憲法制定を、紆余曲折はありましたが党是だと謳ってきました。その中に先生はいらしたわけですが。

古賀　自主憲法は必要かもしれません。議論しないといけない問題はたくさんあります。子どもも全員に等しく財産を要求する権利があるので、核家族ばかりになってしまった。環境の問題も新しく出てきたものだし、定数是正の問題もそうしたもののひとつに含まれる。

だが9条は違う。日本しか持っていない最高の国の方針です。戦争しないという方針を明確に定めています。

それは理想だろう、北（朝鮮）を見てみろ、中国を見なさいよ、ミサイルは撃つわ軍事費はどんどん増額させるわ、そういう国が近隣にあるのに、9条で日本の平和が保たれるかと言う人がいる。しかし、理想であるなら、その理想を貫く、成し遂げるのが政治でなければならない。理想だからやりませんよと、よその国と同じような真似をしていって、どんどん軍事費を増やせ、アメリカと一緒になってどんどん出ていけ、憲法の集団的自衛権を変えろということになったら、まったく日本の国の安全保障というのはなし崩し的に崩れていく。自衛隊は確かに立派な仕事をしています。国民はそれを認めている。今さら合憲だと言う必要がありますか。学者のほとんどが違憲論だと言うが、そのためにだけ自衛隊を9条に、1項、2項をどうするかは別にして、書かなきゃいけないというのはおかしい。必要性を感じません。

大正時代の軍部は力を持っていなかった。軍服を着ると隠れて歩いていたというけれど、昭和に入ると、軍服姿に国民が拍手を送るようになる。軍部が力を持ち、政治を軍部が抑えるようになった。それが大東亜戦争に突入するときの状況です。同じことが必ず繰り返されます。

いまの国会議員は憲法の議論をするのに、どれだけ歴史の勉強をしたか。近代国家150年の歩みを勉強したんですか。きちんと勉強して議論しなければいけません。理想を実現するのが政治です。誤った方向に曲げていくのが政治だと思ったら大間違いだ。そう私は言いたい。

†憲法改正を行い歴史に名を刻みたい安倍首相

安倍首相は祖父の岸信介が果たせなかった大日本帝国への〝夢〟を叶えたいのではないか、という趣旨の話を小沢一郎はしていた。したがって当然というべきか、安倍首相の憲法改正への動きについてもまったく評価していない。

――安倍首相の憲法改正をどう思われますか。

小沢　安倍さんは自分が戦後の憲法を改正したという歴史的事実を創りたいんだろうね。9条に自衛隊を明記するなんていう話はもう、論理的にハチャメチャだもの。変えられさえすれば何でもいいんだ。

――自民党はずっと自主憲法制定を言っているわけですが、目下の流れで憲法を変えるとすると、自主と謳いながら積極的にアメリカに隷従するための憲法になりませんか。

小沢　彼の腹の中は違うよ、きっと。腹の中は軍事大国だよ。アメリカについていくだけではなく、肩を並べるとまでは言わなくても、どんどん軍備を拡大して、じっちゃんの遺志を継ぐという気持ちがある。

現状ではアメリカに従属して、金魚のフンみたいについて歩くということになる。でも、中国と同じように国民生活を犠牲にすれば、日本だっていくらでも軍拡ができてしまう。

それで北朝鮮を理由にして(軍拡を)煽った。米朝の雪解けムードで調子が狂っているだろうけど。

——小沢さんは最近、憲法改正に反対の立場を取っておられるようですね。

小沢　この間も市民団体の会合で話したんだが、僕は憲法を絶対変えてはいけないとは言っていない。時代の変化に応じ、国民のいのちと暮らしを守るため、憲法を変えることが必要なら変えればよい。しかし、憲法9条を変えるのはおかしいし、変えることはできない。基本理念、原則を否定することになるからです。

明治憲法から日本国憲法への移行は、形の上では帝国憲法の改正手続きに則っていたものの、あれは革命でした。天皇主権を否定した大日本帝国憲法はあり得ないわけです。日本国憲法の改正手続きで日本国憲法の基本原理を否定する改正はできないのであって、やれば、それは事実上の革命なんですよ。

——2012年に公表された自民党の「日本国憲法改正草案」は、現行憲法の基本理念を事実上、ことごとく否定していますね。

小沢　ありゃあ、めちゃくちゃだ。自分たちの思いのあるものを入れ込めばいいというもの。安倍さんは後になって、9条の1項、2項は残して自衛隊の存在を書き込むなんて言い出したわけだが、とにかく憲法をいじったのは俺だと言いたいだけなんじゃないか。そうとしか説明がつかない。

――政治のメカニズムの問題ではないと。

小沢 モリ・カケと同じで、自分の思いだけで勝手にやっている。あまりにもひどすぎる。

――相手がまともな政敵であれば、政治の戦いにもなるのでしょうが……。

小沢 議論にならないんだ、あの人とは。そうじゃないですか。クエスチョンタイム（日本では党首討論）でも、関係のないことばかりべらべらとしゃべるから、まったく議論にならない。

†原発、安保、憲法でまとまれば野党は勝てる

安倍の強権政治は小選挙区制によってもたらされたと、古賀誠は言っていた。その小選挙区制導入の立役者だった小沢はいま、この問題をどう捉えているのだろう。

――自民党一強は選挙制度の問題ではないというお話でしたが、本当に小選挙区の影響ではないのですか。

小沢　中選挙区だって同じだ。勝てば同じ。

――中選挙区なら、同じ選挙区で自民党の候補者同士が食い合ったり、競争が生まれることで野党候補にも勝ち目が生まれるじゃないですか。

小沢　野党は中選挙区では過半数の候補者を立てられない。小選挙区制になったから政権交代も起こったんでしょう。政権交代によって互いが切磋琢磨して、緊張した政治状況をつくり出し、国民が政権を選択することができるのが民主主義です。

選挙制度にベストはありません。一党政権が半世紀も続いた異常な日本で、政権交代を可能にして民主主義を実現するにはどうしたらよいか。その一番わかりやすい、はっきりした制度が小選挙区制。

一強多弱といわれるが、野党がまとまればいっぺんに吹っ飛ばしますよ。野党がバラバラだからダメ。実際、2009年には勝ったじゃないですか。だから、またまとまって、一緒にやれば逆転できる。

僕は二大政党制でなければいけないと言っているんじゃない。政権交代が可能であればいいんです。ヨーロッパを見てください。フランスだって、右派でも左派でも、いくつかの政党が集まってグループ化している。イタリアの北部同盟だってひとつの政党ではない。

ただ、政権交代可能の状況を創るのに一番いいのは二大政党制だということであって、必ずしも2つでなければいけない、ということではない。

――野党再編ですか。

小沢　みんな一緒にならなければダメだと腹のなかでは思っている。そういう人はどんどん増えているよ、間違いなく。だって自分の選挙だから。枝野（幸男）さん（立憲民主党代表）も、せっかく国民が野党第一党を与えたんだから、旗振り役をすべきだと僕は言っている。好きとか嫌いとかいう話じゃない。

共通認識に立つべきテーマは原発、安保、憲法、あとは枝葉の話。消費税も重要だけど、やや各論かな。国家、社会、国民にとって、国民の生活、日本の国家育成について大事なことはそれくらい。この3つないし4つのテーマなら、考え方はみんな一致するはずだ。

――憲法改正については、いまは枝野さんも反対していますが、もともと護憲の人たちではないですよね。

小沢　憲法は金科玉条で絶対いじったらいけないという議論はおかしいと思う。それは神様から与えられた、天皇から与えられた欽定憲法の思想。国民のためにつくった憲法だから、国民のよりよい生活と権利を守っていくために不都合なところは変える。当たり前のことです。ただ、先ほど言ったように、憲法の基本原則を変えるような改正はできない。

小沢は旧自由党党首として当時の自民・自由連立政権を担っていた1999年の夏、月刊『文藝春秋』(同年9月号)に「日本国憲法改正試案」を発表したことがある。そこには国際社会の平和活動のためなら自衛隊を海外派兵できる条文を9条に盛り込むことや、緊急事態規定の新設など、2012年の自民党憲法改正草案とも重なる部分が少なくなかった。それだけに改憲反対を唱える近年の小沢の姿勢には、変節の批判も根強くある。この点は付記しておかなくてはならない。

もっともそれは、現政権の過剰な対米従属ぶりを反映した方針転換でもあるのではないか。なにしろ小沢は、安倍政権による〝自主憲法〟は、日本をアメリカの「金魚のフン」のようにするとまで断じたのだ。そして選挙制度に関しては小沢と対極の立場にある古賀もまた、対米従属に対しては、憤りを抑えきれないようだった。

†「トランプのポチになるなよ」と首相を諭した真意

亀井静香(1936年生まれ)が石原慎太郎元東京都知事とともに首相官邸を訪れ、「トランプのポチみたいになるなよ」と諭したのは、2018年5月のことである。安倍首相は、「そんなことはありません」と返したという。1カ月ほどが経ったころ、私は亀井に会い、真意を質した。

東京大学経済学部卒の元エリート警察官僚の出身で（東大卒業後、一旦は民間企業に就職し、1年後に国家公務員試験を受けて警察庁に入った変わり種）、運輸相や建設相、自民党政務調査会長、金融・郵政改革担当相などを歴任。1979年の衆議院議員選挙に旧広島3区で初当選して以来、13期連続で当選している。2005年には郵政民営化に反対して自民党を離れ、綿貫民輔元衆院議長らとともに国民新党の結党に参加した。

――「トランプのポチになるなよ」と話された一番のきっかけは何でしたか。

亀井　晋三は本来、アメリカからの自立がバックボーンのはずなんだ、基本的には。そういう点で俺と共通の価値観を持っているわけだけれども。アメリカと喧嘩する必要はない。友好国だからね。しかし、アメリカだけではなく、中国ともロシアとも北朝鮮とも韓国ともヨーロッパとも、ぜんぶ仲よくすればいいんですよ。政治とはそのためにあるのだから。

いまの晋三は、アメリカとの関係をよくしようと思うあまりか、下手をすればポチにされてしまう。極東の政治も安倍晋三抜きに北朝鮮とアメリカがやっている。つけだけ日本が払わせられる。米朝会談の前後にトランプは、北の経済援助をするのは日本だと勝手に言っている。晋三と事前の相談があったとは思えない。

協議の仲間にも入れないで、勝手な約束をしている。それは困るということを、入り口で言わなきゃならんのだよ。奥座敷まで土足で入られてから何か言っても手遅れなんです。アメリカは日本をポチにしたがるわけです。彼らにとっては、日本列島が極東の都合のよい場所にあるからです。日本は地政学的に、アメリカが中国や北朝鮮、あるいはロシアに対して戦略を展開する上で、最前線になり得る。ですから、安保条約という縛りの中で、日本を徹底的に極東の軍事戦略に使っていこうとするわけだ。

その日本が、晋三が対米関係においてまずやらなきゃいかんのは、地位協定の改定なんです。それができるようならポチじゃない。ドイツやフランスは、アメリカとの間で、もっとちゃんとした条約を結んでいます。沖縄あたりで米兵に不埒なことをされたことに対する対応にしたって、地位協定をちゃんとしたものにせにゃいかんという申し入れをアメリカにしないといけないのに、していない。だから俺にポチと言われる。

――それでも安倍さんはアメリカからの自立を信念にしている政治家だと、考えていらしたのですか。

亀井　彼は総理になるとは思っていなかったろうけどね、当初は。尖閣諸島と北朝鮮の問題が起きて、いい〝風〟が吹いてきて、あっという間に彼は総裁になっちゃったんだ。

彼は、極端なナショナリズムというわけではないけれど、いわば日本の国家主権を大事にする。たとえば尖閣諸島の周りで中国の漁船が違法に操業して、こちらの漁民が不安に陥ったこともあり、そういう時に実効支配をちゃんとしないといかんという問題意識は俺と共有するものだった。

拉致問題についてもそうです。同胞を取り返すことができないような総理は総理じゃないと、何があっても自分がやるんだというくらいでないといかん、ということについても彼はまったく俺に同調していたからね。そういう意味では、完全に意見が一致しておったわけだが、ただ、いまは残念ながら……。

†アメリカとことを構えたくない日本の首相

――亀井さんは2015年に安倍支持を明確に表明された。その頃までは信じていたということですか。

亀井　晋三は安倍晋太郎先生の息子ということもあって、非常に仲よくしていたからね。まだ秘書官の、カバン持ちの頃から知っている。晋太郎先生が俺を弟みたいに可愛がってくれたということもあった。だからいまでも晋三は、俺の言うことは素直に聞いていますよ。実行しなければ意味がない話ですが。

――変わってきたなあ、と感じられたのはいつ頃からですか。

亀井　やはり総理になって、時間が経つにしたがって……。日本の総理は全員そうだけれど、総理になるとアメリカの影がぐーっと被ってくる。日本人全体がアメリカさんの言うとおりに、アメリカの庇護のもと、傘のもとで生きていくのがいちばん都合がいいと思っている。これが日本人の感覚なんだよ。だからそれまではナショナリズムみたいなものをモットーにしていた政治家も、総理になるとアメリカとことを構えない、いってみれば安全運転の政治をするようになる。

それが度が過ぎると、日本の頭越しにいろいろなことが決められ、実行されても文句も言えなくなる。だからポチになる。いまそういう感じになりつつあるから私は危機感を持っている。

――小泉総理のときも、私はそれを強く感じましたが、当時とも違いますか。

亀井　純ちゃんは政治家というよりも芸術家みたいなところがあるからね。女が好きなんだよ。天下についての経綸があるわけじゃないですしね。
　あの人が総理になった時、俺は総裁選に出たんだが、本選で降りた。その際、塩川正十郎さん（当時は財務相）が間に入って、9項目協定を結んだ。だけど純ちゃんはいつになっても実行しない。俺が官邸に乗り込んで行くと、「亀ちゃん、そのうちやるよ。だけど、官邸暮らしはいいもんじゃないね。この間、夢精したよ」なんて言うから、「そんな話をしにきたんじゃない」と怒ったんだけれど、政治家として国民のために何をするか、国家のために何をしたらいいのか、ということを考えた時期がないんじゃないか。
――その点、安倍晋三さんは政治家らしい政治家になり得る人だったと？
亀井　晋太郎先生の息子で門前の小僧だし、いい総理になる可能性があると、私は思っていた。アメリカに追従するとかじゃない、日本の伝統文化を踏まえた国にしたい、そのための政治だという考え方を持っていたからね。いまではどうもそうではない雰囲気が出ているのが心配だ。
――ポチになるなとおっしゃって、その後はお会いになりましたか。
亀井　会っていない。電話はこの携帯に時々かかってくる。2、3日前にもあったかな。

†拉致問題と経済政策は「なっていない」

――対米関係の他にご不満は。

亀井　拉致問題だね。自分がやりますと啖呵を切ったんだからやればいい、どこにでも乗り込んで行って。

――トランプ大統領にお願いしてしまったみたいですが。経済政策はいかがですか。

亀井　なってない。なぜなら、こんなに財政力があるときに、どうして震災対策をやらないのか。大震災は近い将来必ず起こる。高速道路だって、片側三車線とか頑丈なのをつくれば、それ自体が震災対策になる。

――国土強靭化ですね。

亀井　これは時間との競争だから、思い切って何兆円もつぎ込めばいい。それでも金が足らんというなら国債を発行すればいい。日銀がちゃんと引き受けるのだから。右のポケットと左のポケットの関係ですよ。

民間は400〜500兆円の含み資産を持っている。大企業は担税能力があるんだから、彼らに金を出させればいい。国債を買わせるのもいい。大企業が持っている金を何百兆円か吸い上げればいい。

――安倍政権はお金の話になると、ないないとしか言ってくれません。財政危機だから消費税増税だと。

亀井　いまは消費税増税など必要ない。大企業にうんと金があるのに、なぜ大衆課税をやらないといけないのか。やったらいかん。金持ちからとって金のないところに配るのが税の本来の趣旨なんだ。所得の再分配こそ税金の本旨。だから財政政策はダメだな。

――アベノミクスは小泉時代と同じように新自由主義を徹底しているように見えます。

亀井　強者のためにやっている。社会保障だってね、金持ちにまで金が行っている。何も金持ちに国が金を出してやる必要はない。老人医療も含めて、金持ちは自分でやればいい。そういうことをきちっと整理しないで、強い者と弱い者をごっちゃにしている。力が強い者は自分でやらせればいい。弱い者は強い者から金をとって助ければいい。

晋三は本来それがやれる人間なんだよ。彼はこんなことを話してくれたことがあるんだ。

安倍晋太郎先生の留守中に、泥棒が忍び込んで、先生のコートを盗もうとした。晋三が物音に気づいて大きな声を出したら、何も取らずに逃げ出した。あとで晋太郎先生に、「コートが欲しかったのならやればよかった。かわいそうなことをした」と叱られたと。

その話を晋三が俺にしたということは、彼自身にそういう気持ちがあるということ。だから彼には弱者に対する配慮の気持ちがある。優しい男なんだ。

――本当にそうあってくれるといいのですが。このままだとやっぱり、日本はアメリカの世界戦略の一翼を担うためだけに存在する国にされてしまいます。憲法の改正にしても、彼らに積極的に服従する憲法になってしまうのでは。

亀井　奴隷が主人に仕えるための憲法になる。そんなものは改正に値しない。9条の改正など、木に竹を接ぐようなもの。そもそもいまは憲法改正と言っても、やる気もないのに枕詞になっている。誰だってない、晋三にもないよ。護憲を言う連中も同じ。本気で憲法を守るというより、護憲が枕詞になっている。

憲法というのは、国民にとって耐えがたいものになってきた時は改正する。そうじゃない場合は、特に日本の場合は硬性憲法だから、そう簡単には手続き上も改正できない。解釈改憲で現実と矛盾しないようにしてやっている。自衛隊の存在などは解釈改憲だ。解釈改憲では無理だというような事態になれば、やはり憲法改正が本気で取り組まれるのだろうけど、まだそこまで行ってないんじゃないかな。行ってないのに先へ先へと進めてしまうと、いつか来た道に入り込む危険性がある。急いでやるとね。

われわれは過去から学ばねばいけない。かつて帝国憲法のもとで、どういう日本になって、結果がどうなったかを考えれば、ああいう轍を二度と踏まないような、きちっと歯止めがかかった、そういう憲法にしないといけない。俺は自主憲法を制定すべきだと考える人間だが、あくまで自由とか平等といった、明治憲法にはなかった理念、これはちゃんと入った憲法にせないかん。

亀井の安倍晋三首相に対する眼差しは温かかった。ただ、個別具体的な指摘を反芻していくと、期待とは正反対の結果ばかりを招いている安倍政治に、半ば絶望しているようにも見受けられる。日本のことを思うなら、もはや情に流されている場合ではないと、私は考えるのだが。

†少数意見を生かす日本的民主主義の社会をつくる

3人へのインタビューでは、ではどうしたらよいのか、日本のあるべき将来像をどう考えるか、また2018年9月末に予定されている自民党総裁選などについても語ってもらった。

亀井静香は――。

亀井　いまの日本人は本来の日本人じゃなくなっている。価値観から生き方まで合理主義や新自由主義に染まっている。本来日本人が持っている義理人情や家族関係、地域関係を大事にする美徳。憲法を改正するのなら、そういうものを踏まえたものでなくてはダメ。

いま民主主義と呼ばれているのは多数決主義だ。少数が多数に従う。だが日本では昔から鎮守の森を中心とした村の人たちが集まって、こんどの祭りはどうすべえ、お盆は、田んぼの水を喧嘩せずにどうして分け合うか、といったことを話し合いで決めてきた。

談合ですよ。一晩かかろうが二晩かかろうが、寄り合いでみんなが納得するような結論を出す。数の力で無理矢理というふうにはしなかった。それを学んだほうがいい。多数決で何でも簡単に決めるのではなく、つねに少数意見を尊重して、少数派の意見も話し合いで取り入れる。多数派としては不満が残る結論かもしれないが、これでやっていくしかないだろうな。これが日本的な決め方だ。

現実的にも、そうでないとやっていけなくなると思うよ。多数が少数を押さえつければテロが起きます。少数派の反逆を受ける。それでは社会がもたなくなるだろう。

――そう言えば、伝統的な価値観の回復が強調された〝明治150年〟が、政府の主導で展開されていますね。

亀井　明治ねえ。文明開化ということだけど、簡単に言うと、薩長が徳川幕府から権力を奪い取った。薩長支配なんだよ。それが軍閥の支配につながっていったんです。

明治維新で日本の夜明けが来たなんていうのはどうかしている。自由民権運動だってなくなったでしょう。右翼と言われた頭山満の玄洋社だって、松本治一郎の水平社とも交流があった。上からの支配を目指したのではない。下からの目線で平等を目指した。そういう流れがなくなった。

――いまの政治ははっきり上から目線。安倍首相も長州・山口県出身の岸さんのお孫さんで、上流階級の人ですね。でも亀井さんは、彼は決してそれだけの人物ではないと。

亀井　長州の下級武士の血というか、そういうのも流れているわけでね。だけど、下級武士ではあったけれども、薩摩と組んで幕府を倒し権力を奪還した。明治維新で徳川300年の前に戻っちゃったんだよ。歴史というのは面白い。何百年かかってもリベンジをする。

――安倍さんは今度の総裁選も三選確実と言われています。力の源泉はどこにあるのでしょうか。

亀井　それはわからんけど、シャンシャンで三選となったら次の衆議院選挙は自民党が負ける。振り子だから。小選挙区制の怖さはそこだから。今度は自民党が負ける番なのに、馴れ合って、ちゃんとした総裁選にしないとそうなる。お互い死に物狂いでやり合うというエネルギーがなければおしまいだ。

――選挙になった場合、亀井さんが出ていって、2、3位連合を組ませて安倍さんと戦うというのは？

亀井　私は仙人ですから。仙人のたわごとですから。

†自民党的政党と開明的な政党が競い合う政治

小沢一郎は――。

小沢　言葉ではいろいろ言える。僕は自立と共生を政治の理念、哲学にしているけれどもね。まず日本と日本人は自立しないといけないということ。その上でわれわれ政治家は富の公平な分配をきちっと図っていく社会にしなければいけない。

僕は自民党的な政党の存在を否定しているのではない。いかにも日本的な政党なんだ。非常に内向きで、非常に談合体質で、みんなで渡れば怖くないの体質だ。それだけではよくない。やはりもっと開明的で、もっと対外的にもオープンで積極的な政党がもうひとつあればいい。その2つの勢力が交互に政権を担えばいい。

政治の理想としてはそういう政党、議会制民主主義であることを願っている。ところがいまは、格差社会、不公正な社会、富のアンバランスを政府が積極的に煽っているというか、進めている。あらゆる分野で、競争原理のみを大事にする社会になっている。新自由主義なんてもう時代遅れなんだけれどもね。アメリカでも行き詰まったからトランプみたいなものが出てきたんだから。

安倍さんと安倍さんの周りにいる人たちは、そこにまだ固執している。それでも日本人は我慢しているんだからなあ。

——自民党内が割れてくるという可能性はないのですか。

小沢　ない、ない。割れたのはわれわれの時だけ。政権を維持するためだけにまとまっているグループだから、政権を離れるという意識はさらさらない。いくら期待してもダメ。する必要もないよ。野党がまとまりさえすれば勝つんだから。

ただ、いまの野党は自民党よりもだらしない。困ったね。ほんとに困ったね。

——安倍さんの三選は？

小沢 それはないと思うけどねえ。いくら何でも。

――安倍さんの力の源泉は何なのですか。

小沢 権力さ、ただ。

――でも、歴代の総理だってみんな権力を握っていた。だけどこんなじゃなかったですね。

小沢 長い間に自民党の体質が変わってきたのは事実だね。〝風〟で当選している議員がほとんどだから、いまや。だから（総理・総裁に対して）反発する力がないとはいえる。

――従来の自民党はなんだかんだいっても報道の役割とかをわかっていた。

小沢 そういうことに対して権力を使ってはいけないという良識が多少はあった。いまの人にはない。だから、どこへ行くかわからないので、怖いといえば本当に怖い。困ったものだ。何とかしないとね。

†世襲議員を増やす小選挙区制

古賀誠は――。

古賀 総裁選挙には大して期待していません。選挙にはなるかもわかりませんがね。前回みたいな無投票はあり得ない。本来であれば。自民党の総裁は総理大臣になるのだから、国民に対して、いま働いている人に、次の世代に、この国が悠久である限り、感謝される国として残す。そういう方針を示す必要があるんですよ。その知見を発表できる総裁選挙をやらないほど無責任なことはない。あのときは、どうしたんだと。今回はそんなことはないと思います。誰かが出るとは思いますが。

その次は来年（2019年）7月の参院選、その前にも統一地方選挙があります。ここで、最初に申し上げた「この国民にしてこの政府あり」、その轍を踏まないこと。それが節目になる。

政権が交代していい、と言っているわけではありませんが、志のない権力闘争ほど愚かなことはない。自民党だってしっかりした人はいっぱいいるんだから、そうした人を選んでいかないと。

野党はダメです。残念ながら。野党の政権なんていうのは、この先10年、20年でできるのかね。それだけに政権与党にふさわしい人を総理大臣にしないと。

いまの小選挙区制ではそれができていない。国民は、冗談言うな、お前たちがそれらしい人を候補者に選んでないからじゃないかと言われるかもしれません。それはその通りです。

だって世襲がわが党では3分の1ですよ。世襲が悪いとは言わないが、政治を爺さんや父ちゃんがやったからやれるというほど甘いもんじゃない。修羅場、土壇場、正念場を絶えず乗り越えている人でないと。そんな経験もない人たちが、単に世襲か、外国に留学したからとか、目鼻立ちがよくて格好いいからとか、女性だからとか、そんなことで選ばれている。

中選挙区制に戻すのは難しくても、せめて候補者を真っ当に選ばなくてはならない。これだけはどうしてもやらなければ。それでなくては、野党は10年、20年かかるだろうと言いましたが、国民はまだ野党のほうがいいよと、大反撃を受けるかもしれない。個人的には、野党は党でないと思っていますが。統治能力がないんだから。

†日本固有の精神文化を大事にする国づくり

——古賀さんは日本がどういう姿であればいいとお考えですか。

古賀 日本固有の精神文化を大事にする国づくりしかないと思います。少子化とはいうものの、1億2000万人もの人が、資源のないこの狭い国土に暮らしている。国際社会の中でここまで成長し、信頼を得ることができた。それは日本の文化ですよ。それを大事にしなければいけない。

経済競争だとか軍事力の競争だとか、そんなことをしたら負けるに決まっている。ウサギ小屋と言われようと、働きバチと言われようと、日本人は日本人がいままで300年の歴史のなかで培ってきた規範と禁欲、これを持ち続ける精神文化を育てていく、そういう国造りをしていたら、国際社会の中で絶対に、間違いのない国として尊敬されます。道徳教育をやれとか、そんなことじゃないんです。失ってはならないものを残すために、われわれが努力していく。これが一番です。

――いま言われた少子高齢化、さらには国土が狭い、資源がない、地震国でもありますね日本は。戦後のいろいろな状況の中で経済大国になりましたけれど、これからも経済成長を続けていくのは難しいと思うのですが。そうであるなら、かつて石橋湛山さんたちが唱えた小日本主義が私は将来のモデルになるはずだと考えます。どう思われますか。

古賀　まったくその通りだと思います。どんなにお金持ちになったって、心に豊かさがない限り、不幸な生涯ですよ。家族があって、家庭があって、助け合いがある、災害国だからこそ助け合いが必要でしょう。

日本は自然災害が多い国です。どれだけ金をかけても被害をゼロにすることはできないんです。コンクリートの壁をいくら造っても、国じゅうをコンクリートで固めることはできないのですから、無駄なんです。そんなことよりもお互いが支え合い、助け合える国にする、そのほうが豊かで幸せじゃないですか。

——私はいつも思うのですが、なんでも成長、成長で、社会保障の議論をしている時でも、じゃあ財源をどうする、成長だという話になってしまうのが嫌で。成長はみんなが幸せになる有効な手段のひとつではあるかもしれないが、目的にしてしまったら最後、それを阻害するものは排除するのが当然だということになります。人権とか安全性とか、そんなものは要らないよということになりはしませんか。

古賀　おっしゃる通りです。そんなものはよその国に任せておけばいい。日本がそんな競争に飛び込んでいく必要はありません。

——岸田（文雄）さん（1957年生まれ。元外相、現在の宏池会会長で、古賀とはきわめて近い関係にある）は総裁選に出馬しますか（岸田氏は後に7月24日、総裁選での不出馬と安倍支持を表明することになる。古賀氏へのインタビューはそれよりも約40日ほど前に行っていた）。

古賀　（安倍の）三選阻止という役割はあると思う。ですがそれよりも、トップに立とうという者がその知見を国民に訴えることの必要性を岸田さんがどう考えるか、だ。

それは誰が考えても三選だろうなという状況です。だから俺は出ないほうがいいと考えるのか、政権与党の総裁選挙なんだ、それよりも大事なものがあると考えるのか。

自分の考えがあるのならやるべきだと、私は言っております。自民党というのは、ああいう権力者に一強体制をつくられてしまうような政党ではないんだ、私はそんな自民党の政治家のひとりとしてこういう国を目指すんだと、国民に語りかけてほしい。

†国民一人ひとりの生き方が問われている

三者三様の、しかし根幹の部分で一致するものを感じさせてもらえる取材だった。こんな言い方は好きではないが、〝古き良き〟時代の保守政治、まだしも懐の深かった頃の自民党政治の一端を垣間見た気がする。

伝統的な精神文化を大切にする日本という、古賀や亀井の〝夢〟にも（〝談合〟などという表現にはにわかに同意できないものがあるけれど）、深い含蓄を感じさせられた。それが現政権の称揚してやまない〝明治150年〟のような、帝国主義礼賛とは別次元のものであることは言うまでもない。

しかし、こうしている間にも、参議院の議員定数を6人増やし、比例区に特定枠を設けるという公職選挙法改正案が7月18日、参院本会議で与党の賛成多数により可決・成立した。政治のコスト・パフォーマンスが問題視され、衆議院でも各都道府県議会でも定数削減が進められている中での異例の措置は、永田町の事情通によれば、総裁選を控えて安倍に必ずしも従順ではないと言われる参院自民党、中でも竹下派に恩を売り、協力を取りつけるためだとする見方が専らだ。国会の私物化も極まれり、である。

安倍の力の源泉について、3人は3人とも、彼自身の個人的資質を挙げていた。小選挙区制の弊害を強調したのは古賀だけだったが、そのことは亀井も小沢も織り込んだ上で、それぞれの立場で論を進めていたと思《おぼ》しい。

3人には同調してもらえなかったが、私はプラス、アメリカの信任、後ろ盾こそが安倍の力の源泉になっているのではないかと考えている。アメリカの軍産複合体にとって、彼ほど便利で、使い勝手のよい日本の首相はない。そしてまた、そのことを永田町や霞が関の住人全員が承知しているのだ。

振り返れば彼の祖父である岸信介元首相は、A級戦犯として東京・池袋のスガモ・プリズンで絞首刑に処されるはずだったのが釈放され、ついには最高権力者の座に上り詰めた男だった。その孫であることのみを武器に育ち政界を泳いで、権力を手中にした安倍が、亀井の信じているような愛国者であるとは、私にはどうしても思えないのである。

『文藝春秋』の2016年6月号に、安倍政権の御用記者ことNHKの岩田明子解説委員による「父、夫、息子を語り尽くしたロングインビュー4時間半／晋三は『宿命の子』です」というタイトルの記事が載った。〝政界のゴッドマザー〟と呼ばれる岸元首相の娘で、安倍首相の母親である安倍洋子の語り下ろしだった。87歳になっていた彼女は、政治権力をまるで家業でもあるかのように語り、その前年に可決・成立し、すでに施行されていた安保法制についても触れて、こんなふうに述べていた。

昨年、晋三が安保法制の成立に一生懸命に取り組んでおりました。晋三も自らテレビに出ていろいろと説明をしておりましたが、安保法制の意味あいをまだ理解していない方たちが聞くのだから、もっとわかりやすい言い方をしなければならないのではないか、などと思いながら見ておりました。

一方で、五十五年の歳月を経て（引用者注・岸信介政権による1960年の安保改定から数えて）、父（引用者注・洋子の）と同じように国家のために命を懸けようとする晋三の姿を見ていると、宿命のようなものを感じずにはいられませんでした。

小沢一郎へのインタビューで、私が思わず、「漫画ですね」と漏らしたのには、この手記に対する憤りがあったせいもある。思い上がった勘違いも甚だしい、三代目の〝宿命〟とやらで、私たちみんなの国をアメリカに売り飛ばされてたまるものか。傭兵国家にされてたまるものかと思った。

古賀と小沢が、現在の自民党政治を批判しながら、有権者国民の責任を語らずにはいられなかった気持ちがつくづくわかる。ここまで来たら、あとは日本国民一人ひとりの生き方が問われていると知るべきだ。

（文中一部敬称略）

第 2 章
無知と不寛容な安倍政治

（写真提供：時事通信社）

1 ヤンキー政治を支える「草の根」世論

†〝戦争をしたくてたまらない国〟へ

「私たちは国民の命と平和を守る大きな責任を担っている。近隣諸国でもし紛争が起こり、逃れようとする邦人を輸送する米国の船が襲われた時に、その船を守れなくていいのか」

語るほどにボルテージが上がっていく。２０１４年６月11日の党首討論は、例によって安倍晋三首相の自己陶酔ショーに終始した。前月の15日に「安全保障の法的基盤の再構築に関する懇談会」（安保法制懇。座長＝柳井俊二・元駐米大使）が憲法解釈の大幅な変更を求める報告書をまとめ、設置主である安倍首相に提出して以来、この国の政治は以前にも増して、ずっとこんな調子だ。

当初はそれでも強調されていた専守防衛の建前も雲散霧消。この期に及んで繰り返される中国脅威論、尖閣諸島有事の想定とは裏腹に〝戦争のできる国〟、否、〝戦争をしたくてたまらない国〟への道行きがあからさまになった。

自民党は6月22日までの通常国会会期中に解釈改憲を閣議決定したい意向と伝えられていた。さすがに与党協議の途中からは安倍首相とその周辺の本性に気づいたらしい連立政権のパートナー公明党に、同党と創価学会との関係を憲法の政教分離原則に反しないとしてきた従来の政府見解を見直す可能性を示唆し、威迫に怠りなかったのは飯島勲・内閣官房参与である。小泉純一郎政権で首相秘書官だった男だ。

いずれにせよ単純な戦前回帰ではない。決定的に異なるのは対米従属の国是、米国の属国以上でも以下でもない日本の現実だ。安倍政権は〝普通の国〟を目指している、などという訳知り顔の解説がなされがちだが、はたしてそうか。憲法よりも日米安全保障条約やこれに基づく地位協定を優先してきた国が、辛うじて守ろうとはしてきた不戦の理想まで投げ棄ててしまえば、〝普通の〟独立国であり得るはずがないではないか。

†シンポジウム「新時代の日米同盟」を読み解く

筆者は日米両国の指導者層による、こんなやり取りを聞いている。2013年10月末の東京・帝国ホテル。日本経済新聞社とCSIS（米戦略国際問題研究所）の共催で開かれたシンポジウム「新時代の日米同盟――未来への助走」での一幕だった。

――日米同盟は今後、どのように変わっていくべきなのか。

司会者が問いかける。マイケル・グリーン元米国家安全保障担当大統領特別補佐官兼アジア上席部長が答えた。

「たとえば米日のNSC（国家安全保障会議。日本版NSCの設置法案はまだ、この時点では成立していなかった）が毎年2回ほど、密度の濃い戦略会議を開く。われわれがイスラエルや台湾、韓国、英国などと重ねてきたことです。現在はオーストラリア人が務めている太平洋陸軍の副司令官に日本人が就任する時代が早く来るといい。基地の共同使用も進めて、米軍の基地に日の丸の旗も掲揚されるような日を期待する。次世代戦闘機の開発には日本の産業界もぜひ参加してほしいと思います」

これを受けて岩屋毅衆議院議員とジョセフ・ナイ・ハーバード大学特別功労教授が、アジア地域における日米〝同盟〟のプレゼンスを強調した。前者は自民党防衛族のひとり、後者は東西冷戦の終結で仮想敵を失った日米安保体制に新たな戦略的意義を与えた、いわゆる日米同盟再定義の立役者。と、民主党の長島昭久衆議院議員（現在は無所属、地域政党「未来日本」代表）が、さりげなく言った。

「国際秩序維持に対する米国の意欲が近頃は薄らいでいるようなのが、私には気になります。中国の台頭にもかかわらず、特に共和党内で孤立主義のエレメント（要素）が高まっているのではないか。

もっともそれは、日本が前に出るチャンスなのだとも言えますね。日米同盟を強化・統合して、日米豪ASEANによる安全保障を、と行きたい。そのためには集団的自衛権の問題を避けては通れません。米国に言われたからおずおずと後方支援をやります、というのではなく、日本が主体的に動かなければ」（傍点筆者）

所詮は野党議員の放言、では済まないと思われる。タレントの石原良純氏と慶應義塾の幼稚舎からの同級生で、政界入りした後も石原慎太郎ファミリーと近しい長島氏には、CIAとの緊密な関係で知られる米国の「外交問題評議会」でアジア政策担当の研究員だった経歴があり、ナイ氏やグリーン氏らジャパン・ハンドラーたちの受け皿的な存在だ。

日経・CSISシンポには、他ならぬ安保法制懇の北岡伸一座長代理（国際大学学長＝当時、現在は国際協力機構理事長）も参加していた。座長の柳井氏はドイツ在住なので、実質的に切り盛りしているのは彼である。その北岡氏は、安倍首相の掲げる「積極的平和主義」を称揚しながら、次のように述べていた。

「難しいのは集団的自衛権の問題です。なにしろ日本はあれもできない、これもできないの制約だらけ。朝鮮半島で有事があっても、戦闘している国と一体になってはいけないというのですからね。一体化しなくてどうするんですか。

アーミテージさん（リチャード、元米国務副長官）は以前、『日本は一流国でいる決意があるのか』と言われましたが、総理はそのつもりです。武器輸出三原則を大幅に緩和して、自由と民主主義を愛するところにならば（輸出して）構わないようにしますし、打撃力——先制攻撃とまでは難しくても、守るだけ、（ミサイル等を）撃ち落とすだけではない態度も決めないといけない」

2005年に合意された在日米軍再編計画で、座間、横須賀、横田に立地している陸海空三軍の司令部に日本の陸海空三自衛隊の司令部が同居あるいは隣接した一体的な運用が進められている状況がすでにある。彼らの発想と、そこから導き出された解釈改憲を考え合せれば、国民の安全や尖閣防衛ばかりを叫んでやまない安倍政権の本当の目的、日本ならぬJAPANの未来図が見えてくる。

すなわち長島氏の言う〝国際秩序維持〟のための米国の軍事的補完機能。そのためには地理的条件など関係ない。安保法制懇の事務局長を務めていた髙見澤将林《のぶしげ》（内閣官房副長官補＝当時、現在は軍縮会議日本政府代表部大使）が2013年9月、集団的自衛権の行使が認められた場合に自衛隊は、「絶対に地球の裏側には行きません、という性格のものではない」と発言し、安倍首相が唐突にサイバーテロの可能性を持ち出して、「もはや（安全保障の世界には）かつてのような地理的概念がなくなっている。〝地球の裏側〟という考え方はしない」と、これを追認したのと符合する。

†日本は〝インフォーマル帝国〟のミニチュア版

「いうまでもなく、軍事同盟というのは〝血の同盟〟です。日本がもし外敵から攻撃を受ければ、アメリカの若者が血を流します。しかし今の憲法解釈のもとでは、日本の自衛隊は、少なくともアメリカが攻撃されたときに血を流すことはないわけです。（中略）日米安保をより持続可能なものとし、双務性を高めるということは、具体的には集団的自衛権の行使だと思いますね」

実は安倍首相、最初の政権を握る2年9カ月前の段階で、早くもこんな持論を力説していた。2004年に扶桑社から刊行された、元外交官で外交評論家の岡崎久彦氏との対談本『この国を守る決意』に載っている。

米国が神の化身でもあるのなら、あってはならない考え方だとは思わない。けれども彼らの実態は神様とはほど遠い。現代の米国は19世紀中葉の英国にも似た〝インフォーマル帝国〟だというのが、近年におけるアカデミズム（主に国際関係論の分野）の定説とされている。世界経済を支配できさえすれば、植民地支配は必ずしも必要ない、というロジックである。

ただし、対米従属の問題だけに囚われていると安倍政権の本質を見誤る。日本には日本の、〝戦争のできる国〟でありたい事情があるからだ。

アベノミクス3本目の矢「成長戦略」を想起されたい。そこには〝企業が世界で一番活躍しやすい国〟づくりのスローガンとともに雇用制度改革や税制改革、技術革新《イノベーション》の促進などが謳われ、勇壮な「インフラシステム輸出」なる国策メニューが盛り込まれている。日経・CSISシンポの内容や高見澤発言および安倍首相の反応などと同様に、なぜか議論の俎上に載せられる機会が極端に少ないのが気になるのだが。

要は新興成長国の都市計画や発電所、道路、鉄道、通信網、港湾、空港建設などのコンサルティングから設計、資材の調達、施工、完成後の運営、メンテナンスに至るまでを官民一体のオールジャパン体制で請け負おうという国家戦略のことである。少子化による近い将来の内需の大幅な縮小を見越して、大規模な外需獲得を狙うのだと、政府高官への取材で知った。

原発輸出がその中核になる。各地の原発の再稼働が急がれている最大の背景だ。売り込みをかける相手国の要人に、万が一にも「自国では怖くて動かせないモノを売りつけるつもりか」と反発されるわけにはいかないから。3・11の大惨事にもかかわらず、まるで原子力立国の体である。

もともとは民主党政権の時代に「パッケージ型インフラ海外展開」の名称で明文化された国策だ。安倍政権が引き継ぐ際に、①資源の権益拡大と、②在外邦人の安全、という2つの要素を追加した。

巨額の資金需要を伴うインフラシステム輸出の相手国政府と日本政府とは、当然、緊密な関係に結ばれる。資源の権益に近づきやすいのも確かだろう。

この国家戦略は、しかし、そのまま帝国主義に通じる。一国の国造りをオールジャパン体制で担おうとする行為は、地域住民にとっては、侵略にも等しいと受け止められる可能性が小さくない。地下資源が紛争やテロリズムの温床になりがちなのは常識だ。

2013年1月には、アルジェリアで操業していた英国BP社などの合弁企業の天然ガス精製プラントが武装グループに襲撃され、日本人10人を含む約40人の関係者が殺害された。安倍政権はこの事件をむしろ奇貨として自衛隊法の改正に繋げ、海外で緊急事態に遭遇した日本国民の自衛隊による陸上輸送に道を開いた。これも当然のことながら集団的自衛権の問題と絡み合い、2013年11月の可決・成立後も派遣された自衛隊員が携行し得る武器の範囲を拡充する方向で政府部内の調整が進んでいる。

ここにおいて安倍政権は、かねて強調し続けてきた「日本と米国は基本的な価値観を共有している」という認識（安倍晋三『美しい国へ』文春新書、2006年など）に、現実の方を重ね合せつつある。ただ単に従属するのではない米国式〝インフォーマル帝国〟のミニチュア版、覇権国家の片棒を担ぎながら、Bクラス入りを夢見る〝衛星プチ（ポチ？）帝国〟（筆者の造語）へ――。

†露わになった戦後民主主義の正体

さて、たとえば特定秘密保護法（秘密法）の問題も、このような文脈を踏まえた上で捉えなければならない。要は戦時体制の構築なのである。それを認めてしまう限り、言論・表現の自由などとんでもないというのが、ごくごく自然の成り行きになる道理。

なのに、秘密法に対するマスコミの批判は、国民の〝知る権利〟が侵害されるの一点張りだ。なぜ侵害されるのかについての言及が見当たらず、どこまでも新聞なりテレビなりの報道ビジネスがやりにくくなることへの不満の表明でしかないように思われてならない。
2013年の暮れ、秘密法が可決・成立した翌日の『朝日新聞』に、実に格好のよい論説が掲載された。強引な採決を報じた1面トップ記事とともに、ゼネラルエディター兼東京本社編成局長の署名で、
〈(前略)税金によって得られた政府の情報は本来、国民のものだ。それを秘密にすることは限定的でなくてはならない。私たちは、国民に国民のものである情報を掘り起こして伝え、国民の知る権利に奉仕することが報道の使命であることを改めて胸に刻みたい。
(中略)私たちは今後も、この法律に反対し、国民の知る権利に応える取材と報道を続けていく〉
とあった。ご記憶の読者も多いだろう。だが同じ12月7日付朝刊の第4面には、ベタ1段であえて目立たぬように、こんなニュースも報じられていたのだ。
〈自民党の新聞販売懇話会(会長・丹羽雄哉元厚相)は6日、消費税を10%に引き上げる際、新聞に軽減税率を適用することを求め、賛同する党国会議員207人分の署名を額賀

福志郎・党税制調査会小委員長に提出した。（中略）同懇話会は「欧州では新聞は『民主主義を支える公共財』とされ、軽減税率やゼロ税率を適用している」と指摘。国内では活字文化の中枢的役割も果たしているとし〉云々。

後段は日本新聞協会が自民党新聞族の集団に陳情した主張そのままだった。自らの商売のためには権力にオネダリして恥じない業界が、ジャーナリズムのあるべき理念をいくら謳い上げたところで、オネダリされた側がどう受け止めるものなのか、考えてみるまでもないだろう。

マスコミだけの堕落でないことも言うまでもない。安倍政権の好戦的な姿勢に反対する市民グループも野党勢力も、「成長戦略」との具体的な関係については意識を向けようとしない。筆者はこの間、講演などの機会を得るたびに前述のような議論を繰り返してきたのだが、一般の聴衆が新鮮な見方だと受け止めてくれるほどには運動体の幹部たちが反応したがらないのが不思議だ。

戦争は反対、でもグローバルビジネスと保守政治が主導する経済成長の恩恵だけは享受したいという思惑が透けて見える、気がする。あるいはこの構造こそが、とりわけ朝鮮戦争を契機とした〝逆コース〟以来の、憲法9条など要は日米安保条約の裏の顔でしかなかった実態の証明ということになってしまうのだろうか。

直接の派兵を躊躇《ためら》っていただけで、とどのつまり戦後民主主義の正体は、わかりづらくはあっても、今日に至る衛星プチ（ポチ？）帝国以上でも以下でもなかった、という茶番劇だったと？

欺瞞だらけだった戦後史の意味が露わになるにつれ、政治のヤンキー化が進行し、反知性主義がとめどなく蔓延していく。欺瞞を凝縮したかのようなマスコミを〝マスゴミ〟と揶揄しつつ、だが肝心な部分では操られゆく草の根の世論が、安倍政権を支えている。

それでも、仮に本質的には衛星プチ（ポチ？）帝国であったとしても、日本が国家として実際の戦闘行為に踏み切るのか、踏み切らないのかは、やはり決定的に重要だ。対米従属コンプレックスの深化につれて猖獗《しょうけつ》を極めてゆく排外主義は不気味である。突き詰めればアジアで最も早く近代化を果たした国民の精神史にも分け入らなければならない必要も生じるに違いないのだが、もはや形而上的な議論に拘《こだわ》り過ぎている場合でもない。

戦争指導者は戦争に負けない限り後世で英雄になる。英雄の条件は強烈な自己愛《ナルシシズム》と、そんなものに自己を投影してやまない大衆の劣情だ。安倍政権はこの条件を備えている。危険きわまりない。

2 大国化への飽くなき野望

†戦争に支えられた戦後の経済復興

私は幸福な少年時代を過ごした。1958（昭和33）年に東京で生まれ、1977（昭和52）年に高校を卒業するまでの18年間は、この国のいわゆる戦後民主主義が一応は息づいている世の中だったように思うし、高度経済成長とも軌を一にして、特に不自由なく暮らすことができた。零細な鉄屑屋を営んでいた、社会的には中流とも言えない家だったけれども、頑張れば大学にも進学させてもらえた。

物書きによくある早熟なタイプではなかった。当時の関心は自分自身の学校生活と、ブームのたけなわだった漫画やプロ野球など、ごくごく狭い範囲のみ。まともな勉強などしたことがない。70年安保闘争の熱気は感じても、直後の連合赤軍事件で完全にシラケた。もともとよくわからなかったのだから、それでも全然、どうでもよかった。

だが長じて、新聞や週刊誌の記者を経てフリージャーナリストとして独立し、それからも10年以上が過ぎた頃。ある新聞社からの原稿依頼で、少年時代をあらためて振り返る機会があり、もはやそんなことばかりは言っていられないと観念した。

念頭には2人の人物の話があった。ひとりは米国の哲学者ノーム・チョムスキー氏だ。彼は2002年3月に、イラク戦争をめぐる作家の辺見庸さんとの対談で、大要、次のように語ったという。

「あなたがたはブッシュ政権をとやかくいうほど立派なのかね。日本はこの半世紀以上、米国の軍国主義とアジア地域での戦争に全面的に協力してきた。戦後日本の経済復興は徹頭徹尾、米国の戦争に加担したことによるものだ」(『月刊PLAYBOY』2002年6月号など)

もうひとりは漫画家の小林よしのりさんである。同じ頃、右派論壇のカリスマ的存在になっていた彼は、何かのシンポジウムで同席した折、「憲法9条なんて欺瞞そのものじゃないですか」と話していた。

小林さんの発言が、チョムスキー氏の主張と同じ意味で用いられていたのかどうかは知らない。単純でありがちな論法でしかなかったのかもしれないが、いずれにせよ私の中では2つの言葉が結びつき、当初は漠然としながらではあったが、こんなふうに考えるようになっていたのである。

——自分の幸福は高度経済成長の恩恵に与かる部分も大きかったはずだ。とすれば特需景気をもたらしてくれたベトナム戦争のお蔭でした、ということになりかねない。そもそも敗戦で焦土と化した日本の復興は朝鮮戦争における特需景気なしにあり得なかったのは常識だから、じゃあ何か、俺たちは戦争で食ってきたってことになるんじゃないか？——

具体的な数字を挙げよう。たとえば機械関連メーカーや商社、エンジニアリング会社などで構成される「日本機械輸出組合」の仕向け先別統計から、東南アジア市場向けと、北米市場向けのデータを抜き出してみると——、

産業機械や電気機器、自動車・船舶などの輸送機械、精密機械、鉄構物、工具類に至る機械輸出の1960年時点での総額は、東南アジア向けが2億6018万4000ドル、北米向けが2億1049万5000ドルだった。ところが1964年8月のトンキン湾事件を契機に米軍による北爆が激化し、戦火が拡大の一途を辿った翌1965年以降は、次のように推移していく。

東南アジア向けが1965年の5億5286万4000ドルから1969年には9億7

301万4000ドルに伸び、1971年には11億8368万7000ドルへと6年間で倍増。北米向けはさらに凄まじくて、1965年の7億7661万3000ドルが1969年に24億7906万2000ドルとなり、1971年にはなんと45億9476万3000ドルにまで膨れ上がった。

あらためて指摘するまでもない。戦場となった南北ベトナムおよび周辺の東南アジア諸国も、本格的な戦争モードに突入した米国も、いずれの市場でも、あらゆる民生品が不足した。日本の製品が欧米の製品に比べて価格競争力を持っており、勤勉な日本人ビジネスマンの血のにじむような努力が奏功して——とまとめればNHKの『プロジェクトX』だが、実態は返還前だった沖縄をはじめ、列島挙げて米国の戦争の兵站基地——嘉手納基地のB52が北爆を繰り返していたことを考えれば最前線基地と言って構わない——と化した日本に、米国およびその息のかかったASEAN諸国が市場開放という見返りで報いてくれた側面が大きかった。

ましてや私の家は鉄屑屋だった。朝鮮戦争当時はシベリアに抑留されていた父は、〝金ヘン景気〟とまで呼ばれ、とりわけ鉄鋼業界の大儲けが伝えられた朝鮮戦争特需とは無関係だったけれども、ベトナム特需はしっかり享受していたわけだ。

私たちの家族だけではない。どちらの戦争にも直接の責任はないにしろ、日本国民ほぼ全員の暮らしが、朝鮮半島およびベトナムの人々の屍の上に成立していた現実は動かない。私は後に、『人間の條件』や『戦争と人間』で知られる戦争文学の大家・五味川純平氏が評論家の佐高信氏に言い残した「戦争とは経済だからね」という至言を知ることになるのだが、日本は戦争を否定する憲法9条を掲げつつ、戦後もずっと、その言葉通りの道を歩んできたのである。

生きるのが辛くなった。罪深すぎる日本国民には1億総自決がふさわしい……などと思い詰めはじめたら大変なことになるので自重したものの、それからは素直に少年時代の幸福を喜べない自分がいる。2000年代前半。私はもう40歳を超えていた。

†経済成長の歪みと守られたもの

日本は狭い。地下資源に乏しいくせに火山帯が至るところにあって、どうしようもない地震国だ。欧米列強に追いつけ追い越せとばかりにのし上がり、大日本帝国を築いたが、敗戦で滅びた。あえて事の善悪を無視して述べれば、アジア各地に獲得した植民地もすべて失った。にもかかわらず、戦後、短期間のうちにあれだけの経済成長を成し遂げて世界有数の経済大国になり果《おお》せた。

相当に異常なことである。米国の知日派社会学者エズラ・F・ヴォーゲル氏に「ジャパン・アズ・ナンバーワン」と持て囃《はや》されていた学生時代、「世界史上でも前例のない快挙」だなどと自画自賛する官僚だか財界人だかのエッセイを何度か読んだ記憶があるが、裏を返せば、「それだけ無理をした」ということに他ならない。

水俣病やイタイイタイ病の悲惨を思い出そう。交通戦争を、バブル経済の時代、大手の銀行やデベロッパーとつるんだ暴力団に自宅を放火されたり、ダンプカーで破壊された人々の憤怒を、アパルトヘイトの南アフリカ共和国で「名誉白人」と呼ばれて舞い上がり、陰では世界中から「エコノミック・アニマル」と蔑まれていた大恥を、何よりも、米国の戦争で荒稼ぎしたハイエナ根性を――。

自虐史観も極まれり、と嗤《わら》わば嗤え。史観の以前に、これは客観的な事実なのだ。

ただ、それでも私たちの戦後日本は、戦闘行為そのものには原則として手を染めなかった。戦争とともにあり続けている人類の歴史にあって、これは実に素晴らしい実績である。元首相の宮澤喜一氏は、戦後60年目の2005年に、雑誌のインタビューで、次のように述べていた。

「私にとっていちばん大事なことは、日本が自由で、民主主義があって、ともかく平和である。そして、国民がそこそこ生活できている。そのことが最も大事なことなんです。経済大国になるとか何とかいうことは、第二のことなんですね。それがいま、六〇年かけてできている。だから、これは及第点であると私は思っています」（『世界』2005年5月号）

真っ当な保守主義者のリアリズムだと思われる。戦争で儲けた負い目を消化できない私には「及第点」と言うことができないので最終的な評価は異なるが、彼の主張の途中までは深く共感できた。このような思考の持ち主は、かつての自民党や財界にも珍しくなかったし、だから私なども彼らの腐敗ぶりを取材しながらも、この国の社会をどこかで信じることができていた、ような気がする。

†軍事力を伴う輸出大国という国家戦略

現在は様相が一変している。1990年8月の、イラクによるクウェート侵攻をきっかけに始められた湾岸戦争に、金だけを出して戦闘には参加しなかった日本は、欧米先進各国のエスタブリッシュメントらに強い非難を浴びたと言われる。「巨大多国籍資本が支配するクウェートはグローバル経済秩序の象徴だ。その下で利益を極大化させた日本が国民の命ひとつ差し出さないとは」。

実際、その後のかなりの期間、国際的な商談や外交にも支障を来したという。これがトラウマになった日本の政財界人や官僚、マスコミ関係者らは危機感を募らせ、経済大国らしく振る舞いたい、そうして世界の支配層に認められたいという意識を肥大化させていく。すなわちグローバル経済秩序維持のための戦争なら、いつでもどこでも参戦し、大国に見合う——欧米エスタブリッシュメントの価値基準に基づくところの——だけの敵を殺し、自国民の犠牲も応分に、あるいはこれまでのツケを返す意味で、むしろ余計に払う体制構築への情念とでもいうべきか。

今日に至る憲法改正への潮流が、小泉純一郎政権の頃から勢いを強めてきた経緯は、したがって偶然ではない。彼が竹中平蔵氏らと組んで推進した構造改革路線は、今やグローバル経済秩序における教義とさえ言える新自由主義を絶対視した。

何でも自己責任の〝改革〟が階層間格差を広げ、ワーキングプアや失業者が増えて、貧困層が膨らめば膨らむほど、当然、戦争はやりやすくなる。疎外された人間は強い立場の者にへつらい、より弱い立場の人間を差別することで内心のバランスを保とうとしがちだ。

貧しい青年に金銭や教育の報酬を仄めかして軍隊にリクルートし、戦場に送り出していく米国式兵士調達の実態は有名である（堤未果『ルポ 貧困大国アメリカ』岩波新書、2008年など）。

1955年に保守合同を果たした自由民主党が結党の理念として掲げた「自主憲法の制定」とは似て非なるものだ。当時の改憲論は戦前戦中への回帰を主眼としていたが、現在のそれは過去の侵略の歴史を正当化しつつ、対米従属を不可侵の大前提とし、その下での大国化、新たな帝国主義国家化を目指していると私は理解している。

帝国主義とは穏やかでないと受け止められた読者も少なくないかもしれない。具体的には少子高齢化の進行に伴う近い将来の大幅な内需縮小に対応し、官民一体の「オールジャパン体制」による一気呵成の外需獲得を図る「インフラシステム輸出」を、用心棒としての軍事力とともに推進する国家戦略だ。

インフラを形成する、たとえば鉄道車両の単品輸出などにとどまらず、海外の都市計画に始まり、鉄道網や道路、空港、港湾、通信網のコンサルティングから設計、施工、資材の調達、完成後の運営、メンテナンスに至るまでを日本の企業が丸ごと請け負う。政府間の友好関係が結ばれた相手国に地下資源が豊富で、優先的に回してもらえれば最高だが、資源の存在は多くの場合、深刻な紛争や内戦の要因になりやすい。

押しかけていく日本人ビジネスマンが巻き込まれる危険も計り知れない。そこで軍事力の出番だ、という発想は、戦後も米英仏ソなどの旧連合国群を貫いてきた。植民地支配を求めずに経済的・軍事的な支配に専念するこうした国家戦略を、国際関係論の研究者たちは前項で述べたように、〝インフォーマル帝国主義〟と呼んでいる。集団的自衛権の行使を容認し、米軍との一体化をいっそう深化させるという安倍政権は、併せてその一翼に連なろうとしているのである。

†米軍の別動隊の役割を担う自衛隊

大国の条件を備えていない日本が、少子高齢化というさらなる制約を抱えて、それでも大国を夢見る愚。強行されれば、これまで以上の無理が生じ、より多くの犠牲が強いられるのは明らかだ。

なるほど中国やロシアも帝国主義の再興を急いでいる。だからといって真っ向から、しかも米国のコントロールに従いながら対抗していく軍拡が、国民にとってはもちろん、日本国家にとっても得策だとは到底考えられない。

中国は巨大グローバル資本にとって最大のマーケットだ。第三次世界大戦への拡大を怖れるまでもなく、米中の軍事衝突は非現実的と見てよいのではないか。安倍政権による日米の軍事一体化を支持する人は中国の脅威を強調したがるのが常だが、２０１５年４月、日米首脳会談に先立って改定された日米安全保障条約のガイドラインには、尖閣問題を念頭に置いた文脈で、こう明記されていた。

“The Self-Defense Forces, in cooperation with relevant agencies, also will have primary responsibility for defeating attacks by special operations forces or any other unconventional attacks in Japan, including those that involve infiltration.”（邦文では「自衛隊はまた、関係機関と協力しつつ、潜入を伴うものを含め、日本における特殊作戦部隊による攻撃等の不正規型の攻撃を主体的に撃破する」となっている＝傍点引用者）

つまり尖閣列島に中国軍が侵攻してくる事態があったとしても、米軍は乗り出してこなければならない義務など負っていない。自衛隊が「主体的に」「撃破」しなければならないのである。

一連の戦争法案（政府の言う「平和安全法制整備法案」および「国際平和支援法案」）は、２０１５年９月19日、参議院で可決・成立した。自衛隊は米軍とともに中国の脅威に備えるというよりは、米軍の別動隊として、彼らが今後も中東やアフリカ、南米などで繰り広げていく戦争に駆り出されていくことになっていく。

†自己目的化した経済成長は人々を不幸にする

戦争だけはいけない。自衛隊が名実ともに米軍の属軍と化し、日本が米国の〝衛星プチ（ポチ?）帝国〟となって世界中を我が物顔で闊歩するような未来は、あまりに浅ましく、恥ずかしい。そこまで堕ちれば、今度こそ日本国民には生きていく資格がなくなってしまう。

恒産なくして恒心なし、という。経済成長が人々を幸福にしてくれる有効な手段のひとつになり得るとは言える。だが現状はどうか。経済成長は手段でなく目的にされていないか。目的にしてしまえば最後、経済成長を阻害しかねない要因は、何が何でも排除しなければならなくなる。この間には安全や人権、人間の尊厳など、大切な、かけがえのない価値観が次々に破壊されてきた。金儲けのためなら何をしてもよいのだと、笑顔で絶叫させられ続けている社会である限り、これはこれで自然の成り行きだ。

その延長線上には当然、金儲けのためなら、逆らう人間などいくらブッ殺しても構わない、いや、気に食わない邪魔者はブッ殺すのが正義だという論法がまかり通る時代が待っている。これまた当然、「自衛」だの「防衛」だののレベルではまったくない。こんなやり方で全体のGDPがかさ上げされても、その恩恵は一握りの階層に集中し、階層間格差のよりいっそうの拡大が招かれるなら、自己目的化した経済成長は、同時に多くの人々を不幸にする手段になり下がる。

経済成長を目的にしてはならない。どこまでも手段として位置づけ直すこと。それができて初めて、国家安全保障体制のあるべき姿も見えてくる。逆に言えば、できなければ軍事大国以外の選択肢はあり得なくなってしまうのである。

3 質が下がった新聞、腰の引けたテレビ

†〝池上無双〟の追及をかわした安倍首相

2016年参議院選挙の投開票日の夜にテレビ東京系列で放映された「池上彰の参院選

ライブ」。大勢が決しかけた頃、スタジオと自民党本部の回線がつながり、キャスターの池上氏が安倍晋三首相に問うた。

型通りのやり取りの後で、

――総理は以前、憲法9条を変える、あるいは96条を変えて改正要件を緩和するんだとおっしゃっていたのに、今回（の選挙戦で）はおっしゃらないんですね。どうしてでしょう？

「わが党はすでに全部お示ししています。それだけでなく前文から含めてすべて変えたいと思っています。ただ、政治というのは結果を残していかなくてはいけなくて、ただ自分の要望を示すだけでは政治でない。憲法についていえば、まさにどの条文をどのように変えるか、3分の2を形成していかない限りは意味のない議論なんだろうと思います」

安倍氏の言葉がまったくの嘘だったわけではない。自民党は民主党に政権の座を奪われていた2012年4月に「日本国憲法改正草案」を発表しているし、この参院選でもHPで閲覧できる「政策BANK」や「総合政策集　J―ファイル」には、〈国民の合意形成に努め、憲法改正を目指します〉と明記してもいる。ただし、前者では267項目の267番目、後者では455項目中の454番目（455番目は「改正草案」の紹介）に、目立たぬように、こっそりと。

より広く読まれるビラや政策パンフレット、「公約2016」等の広報資料では触れられもしなかった。党首討論で野党に水を向けられても、「現状では（憲法改正は）難しい」などとかわし続けた。

安倍氏自身が新年の年頭記者会見で、「参議院選挙で（憲法改正を）しっかりと訴えていく」と宣言して、わずか半年後の選挙戦だった。あまりの矛盾ゆえの質問にも意味不明の珍回答。ここ数年〝池上無双〟の異名を取り、この時も三原順子氏（自民）から「神武天皇は実在する」との妄言を引き出した名司会者も、争点隠しの確信犯が相手では、の図だったか。

それでも、約4時間にわたって放映された「池上彰の参院選ライブ」の平均視聴率は午後8時から120分間で11・6％。日本テレビ系「ZERO×選挙2016」の10・4％を除くと他の民放の開票特番は軒並み1ケタだったから、池上氏は2013年の参院選、2014年の衆院選に続いて民放三連覇を果たした。ちなみに視聴者ニーズを異にするNHK総合「参院選2016開票速報」は16・3％だった（いずれも関東地区、ビデオリサーチ調べ。測定時間帯は割愛）。

†民放の参院選特番は憲法よりも小泉進次郎

自民党は徹頭徹尾、経済・景気対策ばかりを前面に押し出して参院選を戦い、結果的に連立政権を組む公明党とともに圧勝した。やはり憲法改正に積極的なおおさか維新の会（現・日本維新の会）、日本のこころを大切にする党（現、日本のこころ）、無所属の議員を合わせると、改憲発議に必要な3分の2超の議席を確保したことになる。

アンチ安倍を標榜し、共産党や社民党、生活の党と山本太郎となかまたち（現、自由党）と共闘した民進党内にも、首相周辺と変わらぬタカ派が少なくない。憲法改正はその是非そのものも問われないまま、なし崩しに政治日程に組み込まれた。汚い。

わかりきっていながら、どの開票特番も、安倍自民党の自家撞着《どうちゃく》を本気では追及しなかった。フジテレビ系「みんなの選挙2016」が首相は選挙戦中の街頭演説で合計321回も「アベノミクス」を連呼した一方で、「憲法改正」は一度も口にしなかったという貴重なデータを披露してもいたけれど、テレビ全般に現代政治の本質を何が何でも視聴者に伝えようとする気迫は感じられなかった。

民放の開票特番で憲法論議よりはるかに目立ち、また共通していたのは、小泉進次郎・

衆議院議員（自民党農林部会長）の露出度である。コーナータイトルや放映時間を列挙すると、以下のようになる。

●日本テレビ系〈《VOTE18》18歳が選ぶ「首相候補」小泉進次郎氏×櫻井翔〉（CMを除き12分間）

●テレビ朝日系〈〝18歳〟狙う小泉流選挙戦　富川キャスターが直撃取材〉（10分間）

●TBS系〈進次郎氏　完全密着1万7000キロ〉（5分間）、〈小泉進次郎氏の秘めた野心〉（9分間）

●フジテレビ系〈恐るべし！　小泉進次郎　当選請負人……激戦区の旅〉（9分間）

●テレビ東京系〈池上が山奥まで追跡！　小泉氏が脱帽なワケ　秋田県上小阿仁村《かみこあにむら》へ〉（4分間）、〈なぜ人をひき付けるのか？　池上が〝小泉節〟を分析　秋田県駅前街頭演説〉（12分8秒）

いずれも事前に収録されたVTRだ。フジ系では司会の宮根誠司氏が、選挙とは関係のない結婚の話題を小泉氏に振るシーンさえ見られた。

当代きっての人気政治家だから、というだけで説明してよい現象だろうか。小泉氏はこの参院選で自民党のイメージキャラクター的な役割を果たしていた。法定ビラにも政見放送にも、安倍首相とのツーショットで登場。本人の公式ブログによると、その政見放送はNHKのテレビとラジオで合計12回、放映された模様だ。

今回の参院選にあたり、立教大学社会学部メディア社会学科の砂川浩慶ゼミ生21人が、6月22日の公示日から7月10日の投開票日まで、在京キー局と『朝日』、『毎日』、『読売』、『東京』の在京4紙朝刊を対象に、参院選に関する報道を調査・分析した。筆者はその報告書を託されたので、これらも基にしつつ、参院選報道の検証を試みたい。

†量が少なく争点も不明で低調だったテレビ報道

選挙期間中、テレビ報道はおしなべて低調だった。たとえばNHK。「ニュース7」は公示日こそ放映時間（通常は午後7時〜7時30分）を午後8時45分まで拡大して詳報したものの、6月27日と30日、7月1日、投開票直前の4〜8日は選挙関連のニュースを取り上げていない。「ニュースウオッチ9」（平日午後9〜10時）も、7月7日、8日の両日は選挙に触れなかった。

同様の傾向は民放でも見られた。日本テレビ系の事前報道について報告した砂川ゼミテレビ班の学生は、ワイドショーなどの情報番組も含めた全体の印象を、次のように述べていた。

（6月20日～28日）

公示後は（英国の）ＥＵ離脱や都知事選などに比べて圧倒的に報道量が少なくなった。（中略）争点などに関する解説が少なく、情勢などのゲーム論的な報道のみである。代表の演説だけの報道では何も伝わらず、どこに投票すればよいか考える材料を視聴者に与えられていない。また、放送時間が遅くなるにつれて参院選に関する報道が減る印象を受けた。

（6月29日～7月9日）

参院選に関する報道が減少している状態は変わらない。参院選の争点についての報道は選挙特番を中心となって報道するＮＥＷＳ　ＺＥＲＯで扱われるくらいであり、参院選について報じているものはほとんど18歳選挙権の話題に終わっている。番組によっては参院選という言葉すら出てこなかった。

報道量そのものが少ない、国政選挙の参院選より都知事選の扱いが大きい、争点が不明、18歳選挙権の話題に偏りすぎる……。

日本テレビだけの問題ではないようだ。テレビ番組の調査会社「エム・データ」（本社東京）がNHKと在京地上波6局を対象に実施した集計によると、公示後最初の日曜日から投開票当日までの2週間で、選挙関連の総放送時間は26時間1分で、前回2013年参院選の35時間57分を27・6％下回った。特にワイドショーなど情報系番組の減少幅が激しかった。

前出の三原氏や「SPEED」の今井絵理子氏ら、相変わらずのタレント候補優遇も目に余った。タレントといえば、開票特番にも、今回の選挙でアクセントがおかれた18歳選挙権にからみ、TBS系がアイドルグループSKE48の松井珠理奈さん（19歳）、フジ系が〝おバカ〟タレントの藤田ニコルさん（18歳）を生出演させていた。

あんまりだと思ったのは、兵庫県のローカル局・サンテレビの特番に起用されたアイドル門脇佳奈子さん（19歳）だ。地元の当選者に「どうしても質問したい」と切り出したのはいいが、「○○さんのカラオケの十八番がAKB48とお聞きしたんですけど、私、元N

MB48なんですけど、NMB48は知っていますか？」とやって、視聴者の顰蹙《ひんしゅく》を買ったという（「アサ芸プラス」7月15日配信など）。

新聞はどうか。この参院選からの選挙年齢引き下げに高いニュース価値を見いだす判断は、テレビと同様である。『朝日新聞』はこの話題を、2016年の元日付朝刊の1面トップに据えたほどだ。砂川ゼミ新聞班の調べでは、公示日から投票日までの19日間に、『朝日』と『毎日』がそれぞれ29本、『読売』が19本、『東京』が31本の関連記事を掲載していた。

18歳選挙権が重要なトピックであることは論をまたない。ただ、肯定的に捉えようとするあまり、ネガティブな側面が軽視されがちなのが気になる。

18歳の多くは進学や就職を控えた高校3年生だ。SNSが不可欠になった若者の世界で、進路と投票行動を絡めた誘導が横行しかねない危険に対しても、警鐘を乱打する報道があってしかるべきだったと思う。

†問題多い〝実態調査〟報道でネットに抜かれた新聞

テレビと違い、新聞の参院選報道が量的に少ないとする報告はなかった。どの社の編集局も選挙シフトを敷き、多くの記者を動員して、大量の記事が書かれた。問題は報道の質である。

自民党の文部科学部会がHP上で「学校教育における政治的中立性についての実態調査」を開始したのは、6月25日のことである。18歳選挙権に伴い、「中立でない」授業や指導を発見したと考える人に、その学校名や教員名、具体的な内容などを党に送信してもらう仕組みで、「子供たちを戦場に送るな」という主張が、「特定のイデオロギーに染まった」「中立を逸脱した教育」の典型として例示された。

教員が生徒に政治的な立場を押し付けてよいはずはない。だが、ここまでやれば反戦思想の取り締まりであり、密告の奨励だ。

この事実をすっぱ抜いたのは、しかし、組織力を誇る新聞ではなかった。それまでも学校における主権者教育の取材を蓄積し、各政党のHPチェックも怠りなかったはずの新聞が、ネットメディアの後塵を拝した。

『読売』と『産経』以外の各紙は翌7月10日付朝刊に後追いで報じた。とはいえ、すでに選挙の当日。扱いも小さい。後に『朝日』が社説で批判し、『毎日』が夕刊に詳報を載せてもいるが、新聞は有権者にとって重大な判断材料を、必要なタイミングで提供できなかったことになる。

自民党は同月19日未明に〝実態調査〟のサイトを閉鎖。8月に入ると党文部科学部会の木原稔部会長（現・財務副大臣）が、寄せられた情報を警察に提供する考えを明らかにしている。これは2日付の『朝日』朝刊が社会面に書いたが、戦前戦中の治安維持法をも連想させる状況を招いた責任の一端は、新聞にもあるのではないか。

やや細部に入り込みすぎたかもしれない。次にテレビについての記述では議論にすら至らなかった「争点」をめぐる報道について検討する。

†憲法企画は健闘するも社説は及び腰

砂川ゼミ新聞班の調査によると、公示から投票日までの間に、争点のひとつである憲法改正のテーマを報じた回数は、『東京』の42回が最高で、『毎日』が37回、『朝日』25回、『読売』22回の順だったという。付言すれば、カウントの基準がやや曖昧なようでもあるが、大まかな目安にはなるはずだ。回数的にはさほどでもなかった『朝日』が、この間に連載「憲法　現場から考える」の上中下3回で、有事における民間動員や緊急事態条項の問題を取り上げている点が目を引いた。

データベースを検索する限りでは、『産経』も「参院選」と「憲法」を合わせた見出しは数回程度と多くはなかった。以上をまとめると、安倍政権に批判的な『朝、毎、東』、その反対の『読、産』とされる一般的な捉え方は、ここでも当を得ていたと思われる。

興味深いのは社説との対比だ。憲法をめぐる企画ものでは健闘した『朝、毎、東』だが、社論として主張することには及び腰だった。

『朝日』は選挙期間中、参院選と憲法を結びつけて真正面から論じる社説を掲載しなかった。『毎日』は「改憲派に勢い　最後まで『議論抜き』か」（7月7日付）、『東京』は「同じ轍は踏ませない・争点化避けた憲法」（7月1日付）の見出しで、それぞれ1本ずつ。やはり1本だけの『読売』は、「民共共闘　自衛隊『違憲』を容認するのか」（7月4日付）と、野党連合への強烈な対決姿勢を打ち出していた。

こう見てくると、参院選報道でテレビは新聞に圧倒的に劣っていたことがわかる。安倍政権の介入に各放送局が屈した、と言って悪ければ、面倒から逃れたがった、と断じて差し支えないのではないか。

官邸記者クラブ詰めの各放送局キャップたちが首相の側近と言われる自民党副幹事長に呼びつけられ、「公平中立・公正の確保」を求める文書を手渡されたのは2014年11月、衆議院解散の前日のことである。

第三者による一般論ではない。他ならぬ政権政党が、過去には彼らが〝偏向〟と見なした報道が社会問題化した事例もあるなどと強調しつつ、出演者の選定や発言回数、時間等についても〝公平中立〟の徹底を要求したのだ。〈街角インタビュー、資料映像等で一方的な意見に偏る、あるいは特定の政治的立場が強調されることのないよう、公平中立、公正を期していただきたい〉とまで注文をつけた。

†自民党からの圧力で萎縮が止まらぬ放送局

その直前には、TBSの「NEWS23」に出演した安倍首相が、「アベノミクス」に懐疑的な声の多い街頭インタビューに怒りをあらわにしていた。意図的な編集だと思い込んだらしい。だから〝公平中立〟の要求文書は選挙報道に対する政治権力の圧力にほかならず、テレビはこれに萎縮した、というのが定説である。テレビの選挙報道が急減したのはそれ以降のことだった。

前出「エム・データ」の調査では、この時の総選挙での解散日から投票日までの総報道量は70時間17分。過去10年間の衆院選で最も多かった2005年の際の5分の1、最も少なかった2003年と比べても約半分だった。減少はことに、情報系の番組で著しかった。解散日から投票日までが20日余りしかなく、他の選挙よりかなり短かった事情もあったにせよ、総じて抑制気味だったことは否めない。

詳細は割愛するが、テレビはその後も安倍政権や自民党から有形無形の重圧を受け続けてきた。そして2016年2月、衆院予算委員会で高市早苗総務相（現、自民党サイバーセキュリティ対策本部長）のいわゆる「停波発言」が発せられたのである。

「違反した場合は罰則も用意されているから（法律は）実効性が担保されている。将来にわたって（電波停止が）あり得ないとは断言できない」

野党議員の質問に対する答弁だ。「放送事業者の番組編集に『政治的に公平であること』などを求めた放送法第4条の規定（番組準則）が、恣意的に運用されると報道が萎縮しかねない。だから、業務停止や電波停止を命ずることのできる総務相の法的権限を、4条違反には適用しないと明言してほしい」とする要求を拒否した形だった。

事は表現の自由の根幹に関わる。しかも、その3カ月ほど前の2015年11月には、BPO（放送倫理・番組向上機構）の放送倫理検証委員会が、放送への国や政治家の干渉を批判し、関係者に毅然とした姿勢を期待する内容を含んだ意見書を公表していた。だが、当事者たちに十分な理解を得られたとは言い難く、そんな状況での今回の参院選だった。

確かにテレビの報道量は多ければ多いほどよい、というものではない。小泉純一郎政権下の2005年、彼らの劇場型「郵政選挙」の演出に他愛なく操られ、「小泉改革vs.抵抗勢力」という単純化された構図を、これでもかと流し続けて自民党を圧勝させた愚劣を思えば、ワイドショーが選挙を扱いたがらない現状は、マイナスだけでもないという理屈もつく。だが、そうなる引き金が悪質に過ぎた。

テレビの影響力は今なお凄まじい。駒澤大学の逢坂巌専任講師（現、准教授）は、20代の男女200人を対象に実施されたインターネット調査の結果から、「NHKや民放のテレビを（2014年総選挙での）参考にしたと答える割合は、インターネットを情報源にしたと答える割合を倍するほど多かった」と強調する。ネットに書き込まれる情報のかなりの部分がテレビの受け売りだったりすることも考え合わせると、テレビの萎縮はさらに罪が重い。

†「アベノミクス」の核心に迫らぬ新聞報道

それでは、テレビは腰抜けだが新聞は立派かと言えば、これも違う。テレビほどにはわかりやすくないだけで、報道の質は明らかに低下している。直接的な影響力はテレビにかなわず、読者離れも著しく進んでいるとはいえ、そのテレビやインターネットの情報源にもなっている実情がある以上、新聞にはよほどしっかりしてもらわないと、この国の民主主義そのものが滅びてしまうので、論点をもう少し掘り下げたい。

今回の参院選でも、自民党はひたすら「アベノミクス」の〝成果〟をアピールし続けた。経済・景気対策に争点を絞りたがるのは毎度のことで、さすがに丸ごと乗った新聞はなかったと信じたい。もちろん、これはこれで重要な争点のひとつであり、与党の公約を無視するわけにもいかないのだろうが、どうせ書くなら、しっかり「アベノミクス」の核心に迫る報道を展開してほしかった。

たとえば消費税だ。安倍首相は参院選の1カ月前に、10％への増税を2017年4月から2019年10月に再延期したが、だからといってこの税制の本質が語られなくてよいということにはならない。

消費税の納税義務者は消費者ではなく、年商1000万円超の事業者だ。デフレ下の市場経済にあっては、特に中小・零細の事業者が同業者との競争上、あるいは取引先との力関係などの理由で税金分を価格に事実上転嫁できず、納税に自腹を切らされている実態をきちんと伝えなくて、どうして日本経済が論じられようか。

原則あらゆる商品やサービスのすべての流通段階で課せられる税制なのだから、最終消費材にのみ課税されるイメージをまき散らす「消費増税」ではなく、「消費税増税」の表現でなくてはおかしい。もっと言えば「消費税」のネーミング自体が誤解を誘うので、税の仕組みを客観的に伝える「取引税」とか、ヨーロッパ式に「付加価値税」に改称させるべきだ。

このまま消費税を基幹税にしていけば、全国的に倒産や廃業が常態化し、社会はますます混乱に陥る。2013年12月に制定された「社会保障制度改革プログラム法」で、社会保障の基本を「公助」から「自助」「共助」への〝サポート〟に切り替えておきながら、その充実をうたう政府のアナウンスにまるで疑念を差し挟んでこなかった新聞には、この機会に落とし前をつける義務があったはずなのだ。

†テロと背中合わせのインフラシステム輸出

投開票日の1週間ほど前にバングラデシュの首都ダッカで20人が死亡するテロ事件が発生し、うち7人が日本人だった。新聞の関心は、現地の状況や被害者の個人史、犯行グループへの非難、進出企業の対応、今後のテロ対策などに集中したが、「アベノミクス」成長戦略の柱としての国策「インフラシステム」輸出は、つねにこうした危険と背中合わせであることが忘れられてはならない。

筆者は2013年1月、アルジェリアで天然ガスプラントが武装グループに襲撃され、日本人10人を含む40人が死亡したテロ事件の2カ月後に、中谷元・元防衛庁長官（当時、後に防衛相）に取材している。

彼は事件を受けて発足した「在外邦人の安全の確保に関するプロジェクトチーム」の座長として、日本版NSC創設の原案となる報告書をまとめたばかりで、

「これも（インフラシステム輸出＝取材当時は「パッケージ型インフラ海外展開」と称されていた＝に必要な）カントリーリスク対策の一環。先進各国、特に米国では企業が海外で自由にビジネスをやる、何かあれば軍隊が来て安全を確保してくれる。フランスは武装したガードマンがつねに配置されている。それが国際社会。しかし、日本はできなかった。こういう話はいつも憲法の壁にぶつかる」

と証言してくれた（詳しくは拙著『戦争のできる国へ——安倍政権の正体』朝日新書、2014年などを参照されたい）。

安全保障法制や憲法改正論には、グローバル・ビジネスの後ろ盾としての軍事力、戦時体制という意味もある。少子高齢化で内需が縮小しても経済成長を遂げていくために、外需拡大を目指す動きは巨大企業の本能でも、それを「官民一体」の「オールジャパン体制」(インフラシステム輸出についての公文書で頻発される形容)で、「この道を。力強く、前へ。」(自民党の公約のタイトル)とばかりに推進することは帝国主義に通じ、憲法改正と軍事大国化を必然にしてしまう。

もはや自民党と同化したような新聞はおいておく。安倍政権による憲法改正に批判的とされる新聞までが、「アベノミクス」の自画自賛のあふれる選挙戦中に起こされたあれだけの惨事を前に、それでも以上のような奔流に言及しようともしなかった意図が理解できない。

9条や緊急事態条項だけではないのだ。なるほど首相の言うように、安倍政権が思いを馳せる国家ビジョンは、すでに自民党の「日本国憲法改正草案」に明確に示されている。だったら新聞がこれを素材に彼らの公約をとことん検討していけば、争点が隠されるなどという事態はあり得なかった道理である。

真っ当な試みも散見されはした。先に紹介した以外にも、『毎日新聞』が6月29日から

7月7日まで連載した「焦点：2016参院選　自民党改憲草案」あたりは、1本1本が短すぎたし取材も浅い気がしたものの、新聞らしい企画だった。

「前文　国家前面、歴史を強調」からはじめて、「第9条　国防軍、任務拡大の恐れ」「公益と公の秩序『個人』の尊重に制限」「国民の義務　家族の助け合い規定」「天皇　象徴から元首に変更」「信教の自由『公費から玉串料』に道」「緊急事態条項　官邸に権限が集中」「改正要件　発議『過半数』に緩和」……と続けたテーマ設定もよかった。どうして朝刊に載せなかったのか。

†歴史の岐路で試されるメディアの力

せっかくの記事も、読者が激減した夕刊ではほとんど読まれない。そもそも、こんなことは一夜漬けで済ませていては手遅れなのであって、第二次安倍政権が誕生した時点から、何度でも繰り返しておかなければならない仕事だったはずである。

いったい何を遠慮しているのだろう。消費税の本質論をことさらに避ける態度もあわせ、2015年12月に閣議決定された新聞（週2回以上発行される紙面の宅配のみ）への軽減税率適用という特別扱いと無関係ではないのではないかと、勘繰りたくもなる。

さらに言えば、土建屋政治の復活も監視社会の構築も、2020年東京オリンピックを持ち出せば、政府が何をしても許されるような風潮と関係させて参院選を報じる取り組みが皆無に近かったのは、『朝、毎、読、日経』の大手4紙が、大会組織委員会とオフィシャルパートナー契約を結び、五輪ビジネスの当事者になっているからでは？　などと考えてしまう。

これらの見方の当否はともかく、新聞を愛してきてくれた多くの読者にその種の疑念を抱かれたら最後、信頼は根こそぎ失われる運命だと、新聞記者も経営者もあらためて気を引き締める必要がある。

メディアが再考すべき課題は山積みだ。ここまで述べてきたほかにも、選挙のたびに増えていく期日前投票に、企業ぐるみ選挙の疑いはないか、事前の情勢調査が乱発される近年の傾向は、今日の日本社会ではバンドワゴン効果（優勢を伝えられた〝勝ち馬〟に有権者がなびくこと）ばかりをもたらして、選挙の公正さをゆがめる恐れがありはしないか、等々がある。

私たちはいま、間違いなく歴史の岐路にいる。万が一にも誤った方向に持っていかれないためには、表現の自由、なかんずくチェック機能としての報道の自由が死守されなければばならない。

2016年の参院選では、肝心の報道に携わる人間一人ひとりにそれだけの気概があったのか。報道を振り返って首を傾げざるを得ないことに、筆者はいま、心底、恐怖している。

4 ポスト真実化が進む日本の政治

†スキャンダルが相次ぐ安倍政権

日本の政治が尋常ならざる状態に陥っている。何もかもが笑えない冗談のようだ。それでも政権の支持率は高くあり続け、与党政治家らの驕慢も一向に改まる気配がない。

だが、これは現実である。一から十までが嘘であり続けているのは、彼らの「言葉」なのである。

たとえば南スーダンの国連平和維持活動(PKO)をめぐる問題だ。2016年7月に大規模な戦闘があり、300人以上が死亡したとされる首都ジュバに派遣されていた陸上自衛隊の「日報」を、政府は隠蔽《いんぺい》した。ジャーナリスト・布施祐仁氏の情報公開請求に、防衛省は当初、「廃棄した」と不開示を通知。ところが2017年2月に一転、現存が確認されたとして開示した「日報」には、反政府勢力の「戦闘が激化した」と明記され、宿営地付近の着弾や銃撃戦等の報告、国連のPKO活動停止の可能性への言及まであった。

この間の2016年11月には、次期派遣部隊への新任務「駆けつけ警護」の付与が閣議決定されていた。後日の説明では日報の発見は翌12月の末だったとのことだが、年が明けて2017年1月の代表質問でこの問題を衝かれた安倍晋三首相の答弁は廃棄が前提のままで、その正当性の主張に終始した。

混乱は収まらない。稲田朋美防衛相（当時）は開示後の衆院予算委で、当時の現地の状況を、「武器を使って人を殺傷したり、物を壊したりする行為はあった」と認めつつ、しかし、「国際的な武力紛争の一環として行われるものではないので、法的意味における戦闘行為ではない」と言いつのった。

彼女は前年10月の国会でも、ジュバで「衝突事案」があったと述べていた。政府が「戦闘」と言えば、自衛隊の憲法違反が問われるからだ。PKO参加5原則には「紛争当事者間の停戦合意の成立」という要件があり、「紛争当事者」は「国または国に準ずる組織（国準）」と定義されている。憲法9条の制約があるためだが、武器による殺傷や破壊がどれほど激しかろうと、その主体が定義に外れていると政府が見なしさえすれば違憲にならないとの考えを、防衛相は示したのである。

はたして2月14日の衆院予算委では、安倍首相も、「国でも国準でもないという判断」なので「5原則は維持されている」と答弁した。何が何でも戦地派兵の既成事実を作りたい執念が伝わってくる。政府も5月末には派遣部隊を撤収させる方針を固めることになるものの、それは「任務の区切り」であって、5原則とは無関係とする態度を変えなかった。

政府のご都合主義は昨日今日に始まったことではない。とはいえ、この政権のタガの外れようは異常に過ぎはしないか。

集団的自衛権の行使容認が閣議決定された2015年にも、内閣法制局は事前審査の検討過程を文書に残さなかった。1972年以来、「行使は不可」だと明確にされてきた政府見解を覆した、国の将来を変える解釈改憲が、こんなにも杜撰なやり方で決められたのだ。

首相と同じ教育観を共有した人物が経営する「森友学園」に国有地が通常の9割引で払

い下げられていた事件などは、もはや解説の必要もないだろう。独善とアンフェアが現代日本政治を貫く規範になってしまっている。

†強行採決が当たり前になった〝独裁政権〟

安倍という政治家の、それは従来からの傾向だった。それでも第一次政権（2006年9月〜2007年9月）では不完全燃焼だったらしい彼の資質が、第二次政権（2012年12月〜）で〝開花〟した。2020年東京五輪開催を決定したブエノスアイレスのIOC総会で、福島第一原発事故の影響が「アンダーコントロール」だと断じた。「社会保障の充実」を掲げる消費税増税の2014年4月実施を控えた2013年12月には、社会保障における政府の役割を、「公助」ならぬ個々の「自助」の支援に後退させた「社会保障制度改革プログラム法」を成立させている。

特定秘密保護法（2013年12月）、集団的自衛権の行使容認を眼目とする安全保障法制（2015年9月）、TPP（環太平洋経済連携協定）の承認と関連法制（2016年12月）、年金カット法（同）、カジノ法（同）……。衆参両院で3分の2以上の勢力を維持し続ける安倍政権下では、今や強行採決が当たり前になった。ちなみに2012年の総選挙で自民党は、開票後の姿勢とは対極にある「TPP断固反対」を掲げて圧勝しており、それゆえに彼は政権の座に返り咲くことができたのだった。

国会がまともに機能していない中で、にわかには信じがたい暴政が次々に強行されていく。2017年3月には、とりわけ教育分野に激震が走った。

2018年度からの教科化が決められている道徳教科書(小学校)の検定で、教材における「パン屋」や「アスレチックの公園」などの表現が〝不適切〟だとされ、教科書会社がそれぞれ「和菓子屋」と「和楽器店」に差し替えた。新たに告示された学習指導要領で、中学校の武術の種目に「銃剣道」が明記された。戦前は軍隊や学校の軍事教練に、戦後も自衛隊の訓練に使われてきた、敵と突き合う武術である。

戦前・戦中の教育の基本とされた教育勅語の活用を否定しない閣議決定がなされたのも、同じ年度末だ。国民はみな君主に支配される〝臣民〟であり、「一身を捧げて皇室国家に尽くせ」と教えているため、戦後の早い時期に国会で排除決議が出ていた事実は、あらためて指摘するまでもない。

現政権は安全保障も外交も経済システムも、社会のありようを丸ごと米国に同化させ、あまつさえ沖縄の人々の人権まで米国に差し出した。その一方で、国民に強いてくる〝愛国心〟だの〝伝統・文化〟だのの、なんと安っぽいことだろう。森友事件の当事者らが昨日までの〝同志〟をいとも簡単に裏切り、知らぬ存ぜぬを決め込む醜態は、いかにも彼らしい。他ならぬ彼ら自身が絶叫してやまない、いわゆる日本古来の美徳とは、礼節を重んじるものではなかったのか。

これらの実務を担当する文部科学省では、原則禁止であるはずの天下りを組織ぐるみで斡旋してきた醜聞が表面化し、大量の処分者が出たばかりだった。

†麻生財務相の「ナチス発言」がまかり通る国

麻生太郎副首相兼財務相の「ナチス発言」をあらためて嚙みしめる。彼が2013年7月、東京都内で開かれた改憲派の会合で戦前のドイツについて言及し、「静かにやろうやということで、ワイマール憲法はいつの間にかナチス憲法に変わっていた」との認識を示した上で、「あの手口に学んだらどうかね」と言い放った、あの一件だ。

当然のことながら、ユダヤ人の人権団体が猛反発し、国際問題にもなった。だが日本国内ではさしたる騒動にも発展せず、たちまち収束。逆に麻生氏は、その後の数次にわたる内閣改造でも留任を重ね、高い地位に居座り続けている。

こうした顚末も、事の善悪を度外視する限りにおいては、自然の成り行きではあるのだろう。この国は今、麻生氏の言葉が実現しつつある、まさにその真っただ中にあるからだ。

彼が意図的にそう表現したのかどうかは不明だが、実は「ナチス憲法」という成文法が存在した時代など一度もない。第一次世界大戦後の世界で「最も民主的な憲法」と謳われたワイマール憲法は、アドルフ・ヒトラーの独裁下でも形式的には廃止されなかった。ただし、ヒトラーが首相に就任した1933年以降に制定された「全権委任法（授権法）」をはじめとする一連の法律が、これを完全に空文化していたのである。

全権委任法というのは、文字通り、政府に無制限の立法権を授与するものだった。大戦後の混乱にあって成立したワイマール憲法には「国家緊急権」に関する条文があり（第48条）、そこには大統領の「緊急命令権」が定められていた。

1929年からの世界大恐慌で大打撃を受けたドイツでは、増税に次ぐ増税などの局面でこの条文による大統領令が連発されたため、やがてヒトラーが首相となり、反共で一致するヒンデンブルク大統領との連携が確立された頃には、もはや政府の強権行使に違和感を覚えない国民が多数派だったとも言われる。

ヒンデンブルクは1934年に死亡した。これに伴い、ヒトラーは大統領を兼任。さらには国民投票を実施して「国家元首法」を成立させ、政府を超越した絶対的指導者「総統《フューラー》」を名乗り君臨して、ドイツと世界を悲劇のどん底に導いた――。

以上のようなナチスドイツ成立史の再検討は、現代の日本を語る上で、きわめて重要な意味を持っている。

安倍政権は憲法を改正したいが、なお9条の改憲には国民の抵抗が根強い。そこで自民党が2012年4月に公表した「日本国憲法改正草案」で新設を求めている「環境権」（第25条の2）と「財政健全化条項」（第83条の2）、「緊急事態条項」（第98、99条）だけでも先行させて議論すべきだという〝お試し改憲〟論を、安倍政権は大地震やテロが起こるたびに唱えたがるけれど、とりわけ「緊急事態条項」はワイマール憲法の国家緊急権と酷似している。首相が緊急事態を宣言すれば、あらゆる権限が内閣に一元化され、国民の人権は制約されるという内容が、国会でもしばしば批判されてきた。

筆者も批判者のひとりだ。その場合、一般的には妥当と受け止められがちな〈財政の健全性は、法律の定めるところにより、確保されなければならない〉とする財政健全化条項も、ヒトラー前夜のドイツとまったく同じ状況を招きかねない、と強調するのが常である。これと緊急事態条項を組み合わせれば、政府は無制限の消費税増税も、社会保障の削減の正当化も、思いのままだからだ。

†「ナチス憲法」はすでに成立している⁉

現状はどうか。〝お試し改憲〟はまだ行われていない。

だが、現行憲法の精神を無視した強行採決の常態化や、凄まじくも幼稚な価値観を国民に押し付けて恥じない現政権、あるいは与党政治家らの言動。あるいは米国同様に――現政権同士の成立時期を比較すれば、むしろ日本の方が〝先進的〟なのかもしれない――深化していくpost-truthの時代状況等々を考慮した時、麻生副首相謂うところの「ナチス憲法」は、すでに成立しているとも言えてしまうのではないか。

解釈改憲は、何も集団的自衛権の行使容認でのみ強行されたのではない。監視社会化や沖縄・辺野古の新基地反対運動のリーダーである山城博治氏が逮捕され、5カ月以上も拘束された事件、読者や視聴者よりも政権とスポンサーの意向を優先するマスメディアの萎縮などが相互に絡み合い、表現の自由は風前の灯だ。ありとあらゆる局面で、近代憲法の大原則である立憲主義が顧みられることがまったくない。

2017年4月4日には今村雅弘という、あろうことか復興担当相が、福島第一原発事故で自主避難を余儀なくされている人々を、「本人の責任」だと言い放った。優生学的な思考パターンが罷り通り、神奈川県相模原市の大規模障害者施設で19人の入居者が殺される陰惨きわまりない殺傷事件が引き起こされても政府は非難声明ひとつ出さない。遂に事件を国民監視体制強化の好機と捉えて、再発防止策と称して精神障害者を保安処分にしやすくする精神保健法改正に乗り出した。

この国の社会のあらゆる領域で、解釈改憲は進行中なのである。

そう考えていくと、すべての辻褄が合ってくる。このままでは、科学技術の分野が政権の価値観に染め上げられる日も、さほど遠くないと思われる。

5 〝憲法改正〟論議と日本の戦後

†「2020年に新憲法施行」を宣言した安倍首相

第三次安倍第三次改造内閣が発足した。2017年8月3日午後、皇居での認証式を終えた安倍晋三首相は官邸で記者会見し、憲法改正について触れ、「スケジュールありきではない」と語ったことが、大きく報道されている。

当たり前の手順がわざわざ強調され、注目されたのには理由がある。安倍氏はこの3カ月前、5月3日憲法記念日の『読売新聞』(朝刊)紙上で、「2020年を新しい憲法が施行される年にしたい」と宣言。国会で「国会議員や国務大臣の憲法尊重擁護義務を定めた憲法99条違反だ」と指摘されても撤回せず、6月24日には「秋の臨時国会が終わる前に、衆参の憲法調査会に自民党案を提出したい」と、具体的な日程まで口にしていたのである。

改造内閣発足に当たっての会見で、改憲に向けた安倍氏の強気な姿勢が、一応は修正されたかたちだ。この間に拡大ないし深まった学校法人「森友学園」への国有地払い下げ問題や、彼の友人が理事長を務めるこれも学校法人「加計《かけ》学園」の獣医学部新設について特別な便宜が図られた可能性、さらには自衛隊の南スーダンPKO(国連平和維持活動)派遣部隊の、現地は「戦闘」状態との記載のある「日報」が組織ぐるみで隠蔽されていたらしい疑惑等々が支持率の急激な低下を招き、これ以上の強引な改憲論議は致命傷になりかねないと判断したとみられる。

もちろん改憲への奔流は、安倍氏個人の立場の変化だけで収束するほど単純でも生易しくもない。すでに2015年9月には集団的自衛権の行使を容認した、いわゆる安全保障法制（公式には「平和安全法制」）が強行採決の連続によって可決・成立。自衛隊はいつでもアメリカの戦争に参戦できる法的根拠を得たことになっている。

一方では徹底的な言論統制・弾圧を容易にする監視社会が完成に近づいた。2015年に国民の知る権利を大幅に制限する「特定秘密保護法」がやはり強行採決で可決され、翌2016年には「マイナンバー」という名の国民総背番号体制が本格的に動き出した。〝平成の治安維持法〟の異名を取る共謀罪（公式には「テロ等準備罪」を柱とする「改正組織犯罪処罰法」）が、参議院法務委員会の採決を省略する「中間報告」という異例の方法で成立に至ったのは、2017年5月のことである。

強行採決はもはや常態化してしまった。この間には他にも年金カット法やTPPの承認および関連法、カジノ法などが続々と、十分な議論もないままに国会を通過した。国権の最高機関であるはずの立法府こそが、ほとんど治外法権のような状況に陥っているのだ。

行政機関も同様。自衛隊の「日報」事件のような公文書隠しや改竄《かいざん》が、まるで当たり前にされつつある。

あらためて想起させられるのは、前項で述べた麻生太郎副首相兼財務相（元首相）の

2013年7月に行われた改憲派のシンポジウムにおける「ナチス発言」だ。この発言は、その後の日本を的確に言い当てていたように思われてならない。日本国憲法の空文化がいっきに進み、新しい立法も既存の法律の運用も、野党時代の自民党が2012年4月に公表した「憲法改正草案」に従って断行されるばかりではないか。

†戦前回帰だけにとどまらない憲法改正の本質

ところで憲法改正論議とは、どのような国家社会を築くべきかの将来ビジョンを語ることでもある。現在の奔流をとらえるには、件の自民党草案の精査と、過去の経緯の検証が重要になる道理だが、当初のマスコミ報道は同じ自民党が2005年11月に打ち出した『新憲法草案』と比較して、「保守色をアピール」「民主党政権との差別化を強調」などとする論評に終始していた。

天皇を元首とし、自衛隊を「国防軍」に改組する。表現の自由の制限や緊急事態宣言の下での公的機関の指示に対する国民の遵奉義務まで課そうとする内容は、なるほど強烈だ。自民党「日本国憲法改正草案」は、良かれ悪しかれ、ひとつの確固とした国家ビジョンに貫かれている。

２０１２年12月に政権の座を奪回して以降の安倍自民党は、機会をうかがっては改憲へのムーブメントを仕掛けてきた。たとえば国会議員の3分の2を超える賛成がないと発議できないと定めた96条の改正から着手したいとの意向を示したり、熊本地震が甚大な被害を出せば東日本大震災を引き合いに出し、ナチスの国家緊急権にも酷似した「緊急事態条項」を、財政赤字が話題になると「財政規律条項」のそれぞれ新設を主張して、あるいはこれに「環境権」を加えた3点セットによる〝お試し改憲〟論をとなえたり。折に触れて明治の「富国強兵・殖産興業」時代の〝素晴らしさ〟をアピールすることも忘れなかった。

２０１7年5月3日の『読売新聞』では新憲法の施行と、東京オリンピックを重ねる演出が採られていたのが興味深い。現行憲法のままでも問題なく実現できる「高等教育の無償化」までもが、なぜか改憲メニューの中に並べられていた。

安倍氏の言動は、しかし、時流しだいで自民党の改憲草案から適当にピンポイントで抜き出してきているだけにすぎない。したがって同草案に対する評価はなお有効性を維持し続けている。こんな具合だ。

草案は現行憲法にはない国民の憲法尊重義務を盛り込んでおり、憲法を国家権力の制御規範だと定義する「近代立憲主義」の理念を逆転させている。日本の伝統文化を重視する立場から、西洋流の天賦人権説に基づく規定を全面的に見直したいとも解説されるが、だからといって現行憲法の「最高法規」の章にある、基本的人権を永久の権利だとした条文（97条）を丸ごと削除しようとする発想はいかがなものか、等々。立憲主義の否定を批判する議論は、とりわけ安保法制論議の際、憲法学者たちの間でことのほか盛んだったのが記憶に新しい。

いずれの論点も国民生活全般、さらには人間の尊厳を左右する。戦争放棄を定めた9条の存廃と深く関わってくることもまた、当然の成り行きだ。

自民党の、わけても安倍晋三内閣による憲法改正への動きは戦前回帰のイメージで捉えられやすい。時代状況の分析を生業《なりわい》にしているはずのジャーナリズムまでが、「憲法改正草案」が発表された当初はそれに近い見方しか提示していなかったことはすでに述べたとおりだ。

違う。目下の改憲潮流にはその種の側面もともなうけれど、主には経済のグローバリゼーションへの対応と、何よりも戦前戦中は敵国だったアメリカ合衆国との〝同盟〟関係を基盤に構想されている。

わかりやすい復古調改憲論が主流だったのは、せいぜい1950年代までである。現代の改憲論との違いと共通点を知るために、当時の議論を概観しておきたい。

†戦後から岸、中曽根内閣にかけての改憲論

保守政治に改憲論が芽吹いたのは、1952年4月にサンフランシスコ講和条約が発効し、日本が占領から脱して以降のことだ。1947年5月に施行された現行憲法はそれまでも、日本の主体性を疑問視する極東委員会（連合国による対日占領管理の最高機関）によって見直しの勧告を受けていたのだが、当時の吉田茂政権は改憲の必要を認めなかった。経済学者で実業家でもあった渡辺銕蔵《てつぞう》主宰の「渡辺経済研究所」が1953年2月にまとめた私案が、この時代の改憲論の嚆矢《こうし》とされる。同年11月にはR・ニクソン副大統領（のちに大統領）が来日し、9条は誤りだったと示唆する演説を行った。やがて自由党や改進党、矢部貞治・東大教授（政治学）の「憲法調査会」などの改憲案が登場。いずれも中華人民共和国の誕生や、朝鮮戦争を機に急がれていた再軍備と9条との矛盾を解消せんとすると同時に、明治憲法下の天皇制軍事国家の復権を図るかのような主張で共通していた。「逆コース」の進展に連れて、保守内部の改憲勢力は影響力を増していく。1955年12月には自由、民主の両党が合併して自由民主党が誕生し（保守合同）、こうした勢力が結

集した。

改憲論の意味は岸信介政権で大きく変貌した。彼は日米安保条約を対等に近い軍事同盟に改め、その関係を基軸におく国家にふさわしい憲法への改正を企図していた。改定条約の批准は1960年5月に強行採決されたが、強権的な手法は戦後世代の猛反発を招き、高揚した安保改定反対闘争の前に、岸内閣は総辞職に追い込まれた。

岸政権が設置した憲法調査会が消極的な報告書をまとめた1964年を境に、改憲勢力はいったん衰える。次の池田勇人政権は高度経済成長で可能になった、公共事業などによる利益誘導型政治を追求して政権基盤を安定させた。そんな時代が70年代の末まで続いた。

次の転換点は1982年11月、中曽根康弘内閣の誕生だった。内務官僚から政治家に転身した1947年以来、一貫して改憲勢力の中心にいた男が、高らかに「戦後政治の総決算」を掲げて現れたのだ。

中曽根首相は慎重に事を進めた。一般の印象とは裏腹に、彼の政権は憲法改正問題に関わる目立った実績をさほど残していない。靖国神社の公式参拝や「スパイ防止法」案の提出といった彼の試みは、それでもことごとく現代の改憲潮流に直結していく。

アメリカの社会学者エズラ・F・ヴォーゲルに「ジャパン・アズ・ナンバーワン」とた

たえられるほどの経済大国に成り上がって間もない時代。レーガン大統領やイギリスのサッチャー首相の経済政策とも連携しながら、中曽根内閣は行政改革や公共企業体の民営化にも着手した。今日に至る「新自由主義的構造改革」の入り口だった。

戦後日本経済のグローバル化が本格的な段階に入った時期でもある。1979年のホメイニ革命、1980年のイラン・イラク戦争と続いたダメージで、三井グループがイラン政府と進めていた合弁事業「IJPC」（イラン・ジャパン石油化学）が破綻した。投入された資金は6000億円超。大規模なグローバル・ビジネスは計り知れないカントリーリスクが付きまとう。もはや従来のような企業努力や外交支援だけでは不十分だ、欧米先進国のような体制が欲しいと日本の財界人たちが本気で夢想するようになったのも、この時代だった。

†グローバリゼーションの要請を受けた改憲草案

周到な準備は1980年代に始まり、それらは90年代から次々と形になっていった。渡辺治・一橋大学名誉教授（政治学）の集計によれば、1990年から2001年までの12年間に公表された憲法改正草案は、目ぼしいものだけで19本を数えた。主体も自民党や民主党の憲法調査会をはじめ、中曽根康弘、小沢一郎、鳩山由紀夫ほかからの政治家、小林節・慶應義塾大学教授（憲法学＝現、名誉教授）のような研究者や評論家、提言報道を進めた新聞社などと幅広い（『憲法「改正」の争点――資料で読む改憲論の歴史』旬報社、2002年など）。

背景はグローバリゼーションだ。企業の海外資産や権益が拡大すれば、株主や経営者はもちろん、政府も国益の増進を望む立場から、リスクヘッジのための物理的な実力を求めたくなる。用心棒としての軍事力を。

他方、グローバリゼーションは国内における諸制度や法令、商慣習の大胆な構造改革を迫ってくる。社会全体をその流れに適応させるためにも憲法改正だ、というロジックが、ここで導かれる。

どの場合もアメリカの要請という側面を否定できなかった。冷戦構造の崩壊で唯一の覇権国家となったアメリカも、一国だけでは世界の市場経済秩序を守る役割を果たすのが難しい。日本市場によるグローバル・スタンダードの受容は、そのままアメリカ資本の上陸を容易にし、彼らの国益にかなう。

90年代以降の改憲論は、だから特定の領域に絞られていない場合が多かった。日本の何もかもを再構築したい野心を隠さない、全面的な憲法改正草案が目立つ。渡辺は前掲書で、複数のアプローチによるタイプ別の分類を試みている。2例だけを挙げると――。

●新しい社会像による分類＝
新自由主義タイプ（小林節の私案、『日本経済新聞』「次世代へ活きる憲法に」など）
ネオ・ナショナリズムタイプ（日本を守る国民会議「新憲法の大綱」、評論家・西部邁の私案など）

●時代区分による分類（自衛隊の海外派兵を正当化する根拠を基準に）＝
90年代前半は国連の重視と国際貢献論が中心（『読売新聞』「憲法改正試案」、自民党憲法調査会中間報告など）
90年代後半は日米軍事同盟の強化と集団的自衛権行使の容認論が中心（小沢一郎「日本国憲法改正試案」、自民党橋本派の憲法改正案など）

†イラク戦争以降の自民党9条改定案

2003年3月にイラク戦争が始まった。米軍は国連決議のないまま多国籍軍を編成し、自衛隊も現地に派遣された。9条は彼らの戦闘地域での行動を認めていないため、国会では「非戦闘地域」の定義をめぐる論争が激化したが、小泉純一郎首相が逆説的に「自衛隊の活動しているところが非戦闘地域」と答弁し、それは既成事実化されていった。

イラク戦争は終結までに10年近くを要した。この間の改憲論は自衛隊派遣の現実も反映されて、日米同盟のさらなる深化が強調される傾向が強まった。自民党もまた、「新憲法草案」、そして「日本国憲法改正草案」の起草へと至った。

やがて2017年の憲法シーンを独占した安倍首相の『読売新聞』インタビューで、彼は改憲しても9条1項、2項は維持し、自衛隊の存在を明記した新たな条文を追加したい意向を示した。違憲論争に決着をつけるべく現状を追認する意味はさほどの重大性をともなわないようにも映るが、はたしてそうか。

憲法以外の法制では、自衛隊がいつでもアメリカの戦争に参戦できる形が整っている現状では、それらのすべてに〝お墨つき〟を与え、少なくとも理論上は残されていた最後の歯止めさえもが失われる結果が招かれるのではないのか。

国民をして改憲への〝アレルギー〟を取り除くためには時に慎重な姿勢もとってみせる安倍氏がとりあえず何をどう言ったとしても、あまり意味はない。彼らが自衛隊に望む役割のエッセンスは、変わらず「日本国憲法改正草案」の条文案に表現されたままだと、筆者は考えている。

自民党の新9条案は合計8本の条文から成っている。現行憲法の第1項はほぼそのまま残しつつ、第2項以降を全面的に書き改めたいという。それによれば、

（平和主義）

第九条　日本国民は、正義と秩序を基調とする国際平和を誠実に希求し、国権の発動としての戦争を放棄し、武力による威嚇及び武力の行使は、国際紛争を解決する手段としては用いない。

2　前項の規定は、自衛権の発動を妨げるものではない。

（国防軍）

第九条の二　我が国の平和と独立並びに国及び国民の安全を確保するため、内閣総理大臣を最高指揮官とする国防軍を保持する。

②　略

③　国防軍は、第一項に規定する任務を遂行するための活動のほか、法律の定めるところにより、国際社会の平和と安全を確保するために国際的に協調して行われる活動及び公の秩序を維持し、又は国民の生命若しくは自由を守るための活動を行うことができる。

④⑤　略

（領土等の保全等）

第九条の三　略　　（傍点引用者）

この草案通りの改憲が実現すれば、現行憲法の第２項〈前項の目的を達するため、陸海空軍その他の戦力は、これを保持しない。国の交戦権は、これを認めない〉は削除され、戦争も状況によっては是とされることになる。「国防軍」のあり方も当然、変わる。日米両政府が２００５年10月に大枠を決定し、現在も進行中の「在日米軍再編計画」に照らすと理解しやすいはずだ。

†在日米軍再編計画と沖縄から見た改憲

米軍基地といえば沖縄の問題、では必ずしもない。再編計画で首都圏に立地する米軍の陸海空三司令部に自衛隊の陸海空三司令部が同居などして一体的な運用が図られている実態を忘れると、事の本質を見誤る。

すでに東京・福生市の在日米空軍横田基地には、航空自衛隊の府中基地から戦闘機と高射砲の部隊「航空総隊」の司令部が移転済みだ。陸上自衛隊に新設された対テロ・ゲリラ戦部隊「中央即応集団」の司令部は、神奈川県座間市と相模原市にまたがる在日米陸軍「キャンプ座間」に置かれた（中央即応集団は2018年3月の「陸上総隊」創設に伴い廃止され、その隷下部隊――第1空挺団、第1ヘリコプター団、中央即応連隊、特殊作戦群など――は同総隊の直属となった。ただし旧司令部の機能は座間に残り、同総隊の「日米共同部」が引き継いでいる）。ここにはアメリカ本国から世界最大の地上戦部隊「第1軍団」の司令部が、一部だが移転してきてもいる。

また、かねて海上自衛隊横須賀基地に隣接していた在日米海軍横須賀基地には、原子力空母ジョージ・ワシントンが配備されて、戦闘能力の大幅な増強が果たされた。米軍再編が合意された当時、筆者の取材に国防族の保守系政治家が「自衛隊と米軍とは同じものだ」と語っていた。

自民党「日本国憲法改正草案」は、こうした状況とも合流する。「国際社会の平和と安全の確保」を掲げ、「国際的に協調して行われる活動」の一例が、たとえばイラク戦争のような軍事力の行使なのだとすれば――。

日本はアメリカの戦争に絶えず付き従わなければ不自然で、憲法違反の疑いさえ生じかねない。そんな構図さえ形成されてしまうのではないか。

自民党が「日本国憲法改正草案」を発表したのは2012年4月27日だった。翌28日の、すなわちサンフランシスコ講和条約が発効して60年目の記念日の朝刊各紙に大きく取り上げられるようにスケジュールが組まれていた。

翌2013年のその日には、政府主催の「主権回復・国際社会復帰を記念する式典」が、東京・永田町の「憲政記念館」で開催された。沖縄県民の多くが憤り、1万人を集めた県民集会をはじめ、式典開催に激しく抗議する行動を重ねていた光景が記憶に生々しい。

沖縄はこの講和条約で日本本土と切り離され、1972年に返還されてからもアメリカの実質的な軍事植民地にされてきた。何のことはない。安倍政権の言う「主権回復の日」は、講和条約とともに発効した日米安全保障条約が、戦後の日米関係を規定した出発点でもあった。

ゆえに政府式典の評価は、戦後史に対する考え方しだいで分かれる。沖縄県民が「屈辱の日」と呼ぶ被害者意識は日本国民の多数派には共有されず、その後の改憲潮流もこの問題に影響されることがない。

安倍首相には憲法改正を口にしたがらない時期があった。現行憲法下で集団的自衛権の行使を容認しようとしていた2015年ごろのことだ。それでいながら安倍政権は、柳井俊二・元駐米大使を座長とする「安全保障の法的基盤の再構築に関する懇談会」に議論を急がせ、容認派で知られる外務官僚を内閣法制局長官に据える異例の人事を強行した。

日米軍事同盟の強化に熱心なアメリカ政府も、日本の憲法改正に対しては一枚岩ではない。占領下で制定された現行9条あってこそ、アメリカは日本を思いどおりに動かすことができるという言説は、いまなお有力だ。

今後の改憲論議も、そのようなアメリカ側の事情と、国民世論の動向を見定めながら進められていくに違いない。安倍政権としては、憲法そのものの改正は遅れても、既成事実を積み上げてしまえば似たようなものだとでもいう判断があるのではないか。

†積極的平和主義が意図する「平和」とは?

経済のグローバリゼーションはこの間にも著しく進展した。安倍政権は自らの経済政策「アベノミクス」の柱のひとつに、原発を中核とするインフラシステム輸出を据えている。少子高齢化で内需が縮小を余儀なくされても経済成長を図るには外需の獲得が急務であるとして、主に新興経済国を相手に、都市計画や発電、道路、港湾、鉄道などのインフラストラクチャー（社会基盤）を、コンサルティングの段階から設計、施工、資材の調達、完成後の運用、メンテナンスに至るまでを官民一体のオールジャパン体制で引き受けていくという大々的な国策だ。

もともとは民主党政権の「新成長戦略」に書き込まれたプランの焼き直しだが、安倍首相はそこに、「海外資源権益の確保」と「在外邦人の安全確保」といった独自の要素を加えた。外国のインフラの川上から川下までを丸ごと手掛けようとすれば、地域や情勢によっては侵略行為のようにみなされる危険が小さくない。

2013年1月にアルジェリアの天然ガスプラントが武装グループに襲撃され、日本人10人を含む合計約40人が殺害された事件は暗示的だ。このとき筆者が、のちに防衛相を務めた中谷元衆院議員に取材したことは本章の3項で述べた。アメリカでは「何かあれば軍隊が飛んできて安全を確保してくれる」と、中谷氏が語っていたのが忘れられない。安倍首相が「官民一体」のインフラシステム輸出を叫ぶとき、そこには自衛隊や「国防軍」の軍事力を〝有効〟に活用したい意志が込められていると見て間違いない。

安倍首相は2013年9月にニューヨークの保守系シンクタンクで講演し、日本を「積極的平和主義の国にしたい」と述べた。同じ表現を彼は、「国家安全保障戦略」の策定と

「防衛計画の大綱」見直し作業に資する目的で官邸に設置した「安全保障と防衛力に関する懇談会」（座長＝北岡伸一・前国際大学学長）の第1回会合のあいさつでも使っていた。なお北岡座長は、集団的自衛権の行使に関わる前記の懇談会でも副座長を務めている。

「平和」とは何か。「自衛」の範囲とは。自明のように思われる概念が、立場によってまったく異なる理解をされている場合が、とりわけ安全保障のテーマにはまま見られる。「積極的平和主義」なる新語からは、イギリスのトニー・ブレア元首相が現職時代（1997〜2007年）に標榜した「善のための力（A Force for Good）」が連想されて不安だ。

この思想はブレア政権の基本理念だった。コソボ戦争やイラク戦争、アフガン戦争へのイギリス軍の参戦は、道徳的あるいは倫理的な動機に基づくなら、外国に対しても積極的に軍事介入を行うべきだとする彼の持論の実践に他ならなかったという。「安全保障と防衛力に関する懇談会」のメンバーに就任した細谷雄一・慶應義塾大学教授（法学）が、『倫理的な戦争――トニー・ブレアの栄光と挫折』（慶應義塾大学出版会、2009年）で書いていた。

2017年8月末から9月初めにかけて、北朝鮮が北海道・襟裳岬上空を通過する弾道ミサイルを発射し（同岬東方約1180キロメートルの太平洋上に落下）、また同国北東部で大規模な核実験を行うといったニュースが相次いだ。安倍政権もアメリカのトランプ大統領も、従来にも増して北朝鮮への強硬姿勢を高めている。

朝鮮半島をめぐる国際情勢が深刻化しているのは確かだが、日本が今、何よりも取り組まなければならないのは、金正恩体制をこれ以上追い詰めない外交のあり方だ。日本国民には好戦的なプロパガンダや、安易な憲法改正ムードに乗せられない、冷静な態度が望まれる。

第 3 章

強権政治と監視社会に抗う

(写真提供:時事通信社)

1　率直にものを言う「存在者」として生きた――追悼・金子兜太

†大好きな小林一茶に倣い「荒凡夫《あらぼんぷ》」を自称する

「私は何が本当なのか、本当でないのか、わからなくなる時がある。お前はいい加減な奴だ、本物じゃないのではと、自分でも思う。戦争の頃からだ」

――ニヒルな感じに。

「どうでもいいや、とね。女性がいてくれて、食い物があればいいや、というくらいの」

金子兜太が微笑んだ。2017年11月、私にとっては、これが最初で最後のインタビューになった。『AERA』誌「現代の肖像」の取材で、せめてあと1、2回は会い、じっくり話を聞くつもりが、この（2018年）2月20日、急性呼吸促迫症候群で亡くなってしまった。98歳だった。

すぐれぬ体調が言わせた言葉でなかった保証はない。だが私は感銘を受けた。希代の俳人が、100歳を目前にしてなお悩んでいる。己の力では何ひとつ成し遂げたこともないくせに、やたら傲慢な手合いばかりが目立つ現代にあって、なんと謙虚で、正直な人なのか、と。

「戦後日本の代表的な」「俳壇の重鎮」「大御所」「闘将」「戦後の俳壇リード」……。金子の訃報を、新聞各紙はこんな形容とともに伝えた。記者たちの苦労が偲ばれる。どれもその通りではあったけれど、紋切り型の慣用句で説明できる人物では到底なかった。

さりとて蛇笏賞や日本芸術院賞、文化功労者といった受賞・栄典の類いを並べるのもピントが外れている。そもそも文化勲章やノーベル賞を受けていないことのほうが不思議だった。

遡れば東京帝国大学経済学部卒、元日本銀行勤務の経歴。50歳代の写真を見ると、眼光鋭い、寄らば斬るそのムードを湛えた男がそこにいた。その頃に旅先で詠まれた代表的な一句――。

人体冷えて東北白い花盛り

さまざまな解釈があるそうだが、花や雪の美しさよりも、「人体」の一語にどこかゾッとする怖さを感じたのは私だけだろうか。やがて金子は大好きな小林一茶に倣い、「荒凡夫」を自称した。「荒」は荒々しさというよりも「自由」のイメージ。

そして2016年1月。学術、芸術などの分野で傑出した個人や団体に贈られる「朝日賞」の授賞式で、彼は宣言した。

「私は存在者というものの魅力を俳句に持ち込み、俳句を支えてきたと自負しています。（中略）私自身、存在者として徹底した生き方をしたい。存在者のために生涯を捧げたい」

存在者とは、「そのままで生きている人間。いわば生の人間。率直にものを言う人」だと、金子は言った。「荒凡夫」をさらに一歩進めた、悟りの境地のようなものを感じさせる。

「ただね」

と話してくれたのは黒田杏子《ももこ》（1938年生まれ）である。生前の金子と最も近しかった俳人のひとりだ。

「あの挨拶だけだったら、単なる格好つけで終わっていたかもしれません。あの方はやはり特別な存在でしたから。兜太さんが本当の〝存在者〟たちに出会ったのは、むしろあれ以降ではなかったか。以前は、私の知り合いで、軍隊では人間魚雷を発進させる任務を負っていた新潟の漁師さんに私がまとめた『語る　兜太』という本を見せて、『やっぱり俺らとは違う。これはエリートの言葉だ』と言われちゃったこともあるんです。兜太さんは晩年、あの方自身の理想に近づくことが確かにできたのだと思う。完成したとまでは言いませんけど」

†「平和の俳句」欄の選評に「好戦派、恥を知れ」

黒田がそう感じることができたのは、朝日賞の挨拶から3カ月ほどを経た同年4月29日。『東京新聞』朝刊1面の「平和の俳句」欄の選評で金子が、

「好戦派、恥を知れ」

と書いているのを読んだのだ。投句者に向けた非難ではもちろんない。都内在住の74歳が詠んだ「老陛下平和を願い幾旅路」について、「天皇ご夫妻には頭が下がる。戦争責任を御身をもって償おうとして、南方の激戦地への訪問を繰り返しておられる」と綴った後に続けられた、腹の底からの叫びだった。

「普通はあり得ない選評でしょう？　あれには私もビックリした。平和の俳句では他にも、兜太さんと同い年の方の、自分は体を壊して兵役に就かず、この年まで生きている、死者たちにすまないという内容の句に、なんと謙虚な、と返したり。

『朝日』とか『読売』とか、私が選者になっている『日本経済新聞』とかの俳句欄には、いわば俳句に慣れた人たちが投句してくるのに対して、『東京新聞』はそうじゃなかった。それまで俳句と縁がなかった人たちが、無我夢中で、句だけでは収めきれない思いの丈まで、ハガキに書き込んでこられる。兜太さんはそういう人たちと、紙面を通した対話を真剣に重ねていらした」

「平和の俳句」は2015年の元日から1年間の予定でスタートし、2年も延びて2017年末に終了した、『東京新聞』の名物企画だった。2014年に作家でクリエイターのいとうせいこう（1961年生まれ）と対談し、時代に対する危機意識を確認し合ったのがキッカケだ。やはり2015年に作家・澤地久枝（1930年生まれ）の頼みに筆を執り、反戦運動のシンボルとなる「アベ政治を許さない」の揮毫も、この延長線上に位置づけられた行動だ。

「父は戦争を憎む句は以前から詠んでいましたが、俳句以外の場にも積極的に出向き、反戦や平和を強く、広く訴えるようになったのは、いとうさんとの対談あたりからです。歴史にも鑑みて、戦時における文化人の生き方というものを考えたのだと思います」

金子眞土（1948年生まれ）の回想だ。亡きみな子との一人息子。考古学を学び、埼玉県で学芸員などを務めて、定年後は妻の知佳子と、父親のサポートに徹した。

†戦場で戦争は絶対悪だと確信する

金子兜太は1919年9月23日、埼玉県小川町に生まれた。父元春は医師で、「伊《い》昔紅《せきこう》」を名乗る俳人でもあった。

翌年から2年間は父の仕事の関係で中国・上海へ。帰国後はやはり埼玉の秩父郡皆野町で暮らした。明治期における自由民権運動の拠点で、秩父困民党を組織し政府の横暴に抗った土地柄を愛し抜いた。

晩年の一句。

われは秩父の皆野に育ち猪《しし》が好き

猪だけでなく、肉は何でも好きだった。その話が出ると、「人肉じゃないよ〜」と、笑えぬブラックジョークを飛ばさずにはいられないサービス精神もまた、金子の金子たるゆえんだった。

俳句を本格的に詠み始めたのは旧制水戸高校（現、茨城大学）時代だったか。先輩の誘いで句会に参加。全国規模の学生俳句誌『成層圏』の常連となり、たちまち頭角を現す。人間探求派と呼ばれた加藤楸邨《しゅうそん》の門下で活動した。東京帝大卒業後の日本銀行勤務はわずか3日間。戦局の悪化に伴い、海軍主計中尉として西太平洋における日本軍の拠点・トラック諸島（現、ミクロネシア連邦チューク諸島）に送られた。

「秩父の人たちに、戦争に負けたら俺らは食えなくなる。兜太さん勝ってきてくれと頼まれてね。まあ英雄気取りで、南方第一線を志願しました」

だが戦場とはこの世の地獄だ。トラック諸島は米軍の空襲で航空機270機、艦船43隻を失い、拠点としての基地機能をほぼ壊滅させられたばかりだった。

米軍の戦闘機が毎日機銃掃射にやってくる。爆撃機は爆弾を落としていく。ややあってサイパン島の日本軍が全滅すると、食糧や武器弾薬の補給路も断たれた。餓死者が続出した。畑を耕し、芋を育てても虫に食われる。毒フグや野草、トカゲを食べて死ぬ者も出た。

金子はコウモリを焼いて食べて生き延びた。ヤキトリの味がするそうだ。
部隊では現地の娘を暴行して報復されたり、男色のもつれで殺し合う事件が相次いだ。誰もが生きる意味を失いかけた時、金子は、句会を開いた。季語や季題、五七五の定型にこだわらない「前衛俳句」と呼ばれた彼の作風は、生か死かの緊張を強いられ続けた戦場で培われたものか。金子がかの地で詠み、いつまでも覚えていた一句。

空襲よくとがった鉛筆が一本

試作した手榴弾の実験で軍属が爆死した際、金子は戦争は絶対悪だと確信した。同時に日頃は粗暴な軍属たちが、腕がちぎれ、背中を抉られた仲間をみんなで2キロも離れた医師のところに担いでいく姿を見て、人間が生きるということの素晴らしさをあらためて思った。

†戦争体験を原動力に前衛俳句の旗手となる

トラック諸島での戦争体験が、そのまま戦後の俳人・金子兜太の原動力になった。広く知られた事実には前段がある。まだ学生だった20歳の頃、『土上《どじょう》』を主宰していた嶋田青峰と会う機会があり、ここにも投句した。と、ややあって１９４１年2月、嶋田が治安維持法違反で逮捕されてしまった。

〝皇紀２６００年〟だった前年の『京大俳句』会員一斉検挙に始まり、翌々１９４３年までに合計44人の俳人が捕らえられた新興俳句弾圧事件の暴風だった。

総動員体制下での表現統制が、世界最短かつ遊戯性を楽しむ定型詩の世界にまで及んだのは、当時の俳壇にあった正岡子規以来の花鳥諷詠を重んじる伝統派と、表現形式の革新や思想性、社会性の探求をも目指す新興俳句運動との対立が、そのまま体制と反体制の関係に重ねられたせいもある。嶋田は温厚な人柄で、明治期には伝統派の牙城『ホトトギス』で高浜虚子の片腕だった男だが、『土上』では新興俳句にも理解を示していた。

嶋田には胸の病があった。58歳だった彼は留置場で喀血《かっけつ》し、釈放後は生ける屍となって死に至る。自宅療養中はかつての同人たちもほとんど訪れず、非業の最期を遂げたという。

金子は見舞った。この時期までは特段の反戦思想は持ち合わせていなかったと言うが、件《くだん》のいとうせいこうとの対談では、事件当時と現代の日本社会に共通する特質を論じ合った。この少し前に発覚した、さいたま市の公民館が俳句教室で選ばれた護憲デモを詠んだ句の「公民館だより」への不掲載を一方的に決めた、「9条俳句掲載拒否事件」(俳句の作者が2017年10月13日、さいたま市に対して句の掲載と損害賠償を求めて提訴。一審のさいたま地裁、二審の東京高裁ともに掲載拒否は違法とし損害賠償を認めたが、掲載要求は退けた。2018年5月31日、これを不服としてさいたま市と作者双方が最高裁に上告した)を糸口に、

いとう　こういう自粛という形が連続している。下から自分たちで監視社会みたいにして、お互いを縛っていく。戦前は上から抑え付けられたように戦後語られてきたけど、本当はこうだったんだろうと。(中略)

金子　この人(引用者注・嶋田)がボソボソボソボソボソ言っていたことも思い出しますけどね。治安維持法が過剰に使われた。何とかこういうことはいろんな形で訴えていかにゃいかんと。

いとう　特定秘密保護法を見たときに治安維持法だと私は思いました。目立つところで言うことを聞かなさそうな人たちを引っ張っていく、ということが既に始まっているんだという実感はすごくある。

(『東京新聞』2014年8月15日付朝刊)

日本はまだトラック諸島のようにはなっていない。9条俳句の事件も新興俳句弾圧事件

よりはソフトに映る。だが監視社会化は対談当時よりも格段に進んだ。共謀罪も、そのための盗聴法の拡充も、街中に張り巡らされた監視カメラ網も。私たちは今や、家畜同然に一方的に割り当てられたID番号を、あろうことか〝マイナンバー〟と呼ばされ、利用を強制されている。

歴史は繰り返す、という。だから金子は、一般からは俳人というより社会運動家のように見えかねない発言にも踏み込んだ。覚悟の意義は、訃報を伝えたいわゆる保守系メディア——近年はネトウヨメディアに堕した——でさえ、オーソドックスな報じ方をせざるを得なかった現実だけでも証明されたと考える。

被曝の人や牛や夏野をただ歩く

2011年の福島第一原発事故を受けて——ただし現政権が誕生する以前——詠まれた句だ。ではあるけれど、このままでは避けられないかもしれない近い将来の核戦争をも予見しているとは言えまいか。

復員後に復職した日銀で、「トラック諸島で死んだ人たちのためにも、平和の実現に体を張ろう」と組合活動に熱中した。勤め人にとってはそれが唯一の方法論だったからだが、はたして地方を転々とする〝窓際族〟どころか窓の奥、要するに〝窓奥族〟にされたと苦笑する。それでも金子は、その怒りさえもエネルギーに変えて、句を詠んだ。

新興俳句の流れを汲む〝前衛俳句の旗手〟として、伝統俳句派との論争にも情熱を注いだ。現代俳句協会の会長（後に名誉会長）にも就任した。1987年に朝日俳壇の選者となった際は、朝日新聞社の社長が、「そんなことをしたら不買運動だ」という手紙を伝統派一部勢力に送りつけられた経緯もある。

だからといって晩年の言動と俳人としてのアイデンティティーは矛盾しない。思うに、ああすることができたからこそ、金子は「存在者」になり得た。

†「今どきの新自由主義なんて信用しません」

インタビューは金子の書斎の隣にある応接室で行った。仮眠から覚めて出てきてくれた彼は、こんな話もした。

「俺の部屋に飾ってある、亡くなった女房の写真がね、こっちを見ている気がするんだよ。苦労させせたからね」

――今の社会をどうご覧になりますか。

「非常に危険だと感じています。できそこないの奇術師みたいな連中が政治の先頭に立っているからね。アメリカのスランプ、トランプか、あの人も危ないと思いますよ、私は」

――戦後72年。かつてない状況だと。

「イエス。まったくその通り。機が熟したな、というぐらいに感じています」

――私ももう40年近く記者の仕事をしていますが、近頃はわけがわかりません。自分のいる世界が不気味です。

「私みたいなチンピラ俳人も同じです。戦争反対なんて偉そうにしていても、みなさんうわべは真顔で聞いてくれるようでいて、実は笑っていたりして。金子兜太自身も笑っているんじゃないか、なんて思いに陥ることがある。いつも何かしら、ごちょごちょごちょごちょ、地球上を動いてますなあ。そういう情勢を見て、経団連とかが、一番いい状況に乗っかろうと一生懸命なんじゃないですか。資本主義は本来、〝自由〟が前提なんです。自由主義を忘れた資本主義というか、独占段階に入ったというか。今どきの新自由主義だなんてのは、ぜんぜん信用しません」

2018年2月25日、戦没した画学生らの作品を展示している長野県上田市の「無言館」の敷地内で、「俳句弾圧不忘の碑」の除幕式が行われた。筆頭呼びかけ人だった金子は、最後まで出席すると言い張っていたのだが。

2015年11月の「秩父俳句道場」で金子と対談し、碑のアイデアを持ち掛けて事務局長となり、その建立に寝食を忘れて打ち込んだフランス出身の俳人で比較文学者のマブソン青眼（1968年生まれ、本名マブソン・ローラン）が、除幕式の司会を務めた。金子に碑とともに贈るサプライズにしようと完成させた、弾圧された俳人たちの句や似顔絵に鉄格子をかけて展示する「檻の俳句館」をも見据えて彼は、

「弾圧事件の関係で亡くなった俳人は、少なくとも3人います。この碑にしても、いろいろな抵抗はありましたが、何よりも彼らの名誉回復を、という思いによって、ここに除幕するものです」

とする趣旨の言葉を述べて、やはり呼びかけ人である無言館館長の窪島誠一郎（1941年生まれ）と除幕の紐を引いた。金子が鬼籍に入ってしまう前に会ったマブソンの「兜太先生の俳句はGAFA（Google、Apple、Facebook、Amazon に代表されるプラットフォーマー）にも支配されない、レジスタンスなんだ。AI（人工知能）には不可能な、時間や

イメージの飛躍を恐れない凄み、感性と知性がひとつになった人だけにできること」という言葉が忘れられない。

金子兜太は、そのような存在者だった。

（文中敬称略）

2 伝え続けるんだ、ジョー!!——漫画家・ちばてつやの肖像

†旧満州引き揚げ者としての強い危機感

グワシャッ
力石徹の左アッパーが、矢吹丈の顎に炸裂！　宙を舞うマウスピース。血へど飛び散らせてジョーが倒れた。セコンドの丹下段平が顔を引きつらせ、リングサイドでは白木葉子が絶句している。力石が呟いた——。
「おわった……　なにもかも……」

ボクシング漫画の金字塔『あしたのジョー』の名場面を、制服を着た男たちが検閲している。と、彼らは作画したちばてつやに同意を求めた。

「こんな暴力シーンは　子どもには見せられんな」

――それはボクシングの話なんで……

「描き直してもらいましょうか」


1993年に発表されたちばてつや（1939年生まれ）の短編漫画『――と、ぼくは思います!!』だ。いわゆる〝有害図書〟規制が各地で広がりを見せていた時期だった。本人に執筆当時の思いを尋ねると、

「戦時中、満州にいた私たち家族が旅行に出かけた時です。車両に憲兵が入ってきて、乗客全員が黙って下を向いた。憲兵は一人ひとりの様子を見ながら通っていっただけでしたが、あの、なんとも言えない張りつめた空気が忘れられない。

私も母に顔を窓に向かせられて、見ちゃダメだって。だから優しかった町のおまわりさんが、いつの間にか憲兵さんになっていくのは嫌だなあ」

表現の取り締まりは除草剤に似ている。子どもに見せたくない作品はもちろんあるし、

何を描くのも勝手だとも言わないが、スミレのような小さな花や、魅力的な花まで枯れ果てるのは御免である。

2005年には、成人コミックの漫画家と版元の社長、編集局長がわいせつ図画頒布・販売容疑で起訴された「松文館事件」の控訴審で、意見を陳述するため、証言台にも立った。これに先立つ東京地裁の一審判決では、「多くの成人向け雑誌は摘発していないだけで本来は違法」とされていた（後に最高裁で社長の罰金刑が確定）。

危機意識は募る一方だ。

「寄せては返す波のごとく、形を変えては現れてくるんです。近年は漫画を教えている大学でも、学生に『こんなの描いて罰せられませんか』と聞かれる」

もはや表現規制の問題に向けられた思いだけでは済まない時代なのだ。2017年4月7日には、日本ペンクラブの「共謀罪」に反対する集会でも強い危惧を表明した。

「日本は今、ゆっくりとした大きな渦の縁にいる。戦争とか、どす黒いものがたくさん入っていて、その渦に巻き込まれるかどうかの境目だと思う」

ちばの原風景は旧満州（現在の中国東北部）だ。7歳までを奉天（同・瀋陽）の印刷会社の社宅で、父・正弥と母・静子、そして3人の弟と暮らした。

敗戦の玉音放送があった日の夕刻、植民地支配に耐え続けてきた中国人たちが暴徒と化し、棍棒や青竜刀を握りしめて、高さ3メートルもの社宅の塀を、次々に乗り越えてきた。他の日本人街も襲撃されている。ちば一家は召集されていた正弥の帰宅を待ち、1週間後の深夜に夜立ちした。

とはいえ安全な場所などどこにもない。暴徒だけでなく、国共内戦の銃声にも怯えながら、さまようううち、一家は人けのない道端で、社宅の仲間たちともはぐれてしまった。やがて宵闇が訪れる。笠を被り、棒を持った中国人らしい男が近づいてきた。ちばらは万事休すと覚悟したが、相手は、

「チパ（千葉）さんじゃないの！」

彼は正弥の元部下で、家族ぐるみで仲良くしていた、徐集川《じょしゅうせん》という人物だった。棒は棍棒ならぬ天秤棒。なんという天祐だったのだろう。

一家6人はこうして救われ、徐の家の屋根裏に匿われた。息をひそめた生活が半年近く。遊ぶものもなく、騒いだり大きな音をたてたりは許されない空間で、6歳の千葉徹弥少年は粗末なヤレ紙（印刷の過程で余った半端な紙）に絵を描き、イソップやアンデルセンの童話を参考にした物語を作っては、弟たちに読み聞かせた。漫画家・ちばてつやの、これが

原点になった。

ややあって奉天を去ったちば一家は、遼東湾の葫蘆島《ころとう》港に辿り着き、ようやく1946年7月、日本への引き揚げ船に乗り込むことができた。船の中で老人と、一緒に遊んだ子どもが、祖国の地を踏むことも叶わぬまま、亡くなった。

†何をやってもダメな〝グズてつ〟

余談だが、漫画家には旧満州からの引き揚げ者が目立つ。ちばの同世代だけでも『丸出だめ夫』の森田拳次、『おそ松くん』の赤塚不二夫、『ダメおやじ』の古谷三敏、『釣りバカ日誌』の北見けんいち、『総務部総務課山口六平太』の高井研一郎……。上の世代には女流の草分け的存在・『フイチンさん』の上田トシコがいた。

たいがいがギャグ漫画家だ。森田（1939年生まれ）に会って話を聞いた。

「つらすぎる体験をした人間は、そうなる」

しみじみと。次の瞬間、

「でも、ちば君だって、ギャグ漫画ではないのに、つねに笑いを求めとるよ。『ハリスの旋風《かぜ》』でも、〝きんたま先生〟ってのが出てただろ。ワッハッハ！」

主人公・石田国松のかかりつけ医・古谷先生のことである。いつもケンカで傷だらけの国松が治療を痛がると、「おまえ　きんたまもってんだろうっ」と怒鳴りつけるので、この名がついた。

そう、ちばてつやの漫画は、どれも伸びやかで、自由なのだ。本物の悪党が登場しない。シリアスで暗い内容の物語でも、どこかで必ずクスッと笑わせる。ありったけの思いが詰まっている。

「いつも挑戦しているような、自分がなりたいのになれない人物を描いてきた気がします。国松もだし、ジョーの次の鉄兵とか、のたり松太郎なんか典型です。1週間でいいから、あんな生き方をしてみたかった。あんまり人のことを考えない……」

ちば本人の弁である。

千葉家は帰国後、いったんは正弥の故郷である千葉県は九十九里浜の飯岡町（現、旭市）に落ち着いたが、間もなく東京・向島に居を移している。この地で営まれた乾物店が、『あしたのジョー』でジョーに思いを寄せる娘・紀子の実家のモデルになった。梶原一騎の原作には登場しない、ちばの創作によるキャラクターだ。

「あの娘の両親は、そのまま私の親父とお袋でした。多いんです、そういうの。『ジョー』

のドヤ街にいたチビ連にも、みんな、モデルがいますよ。

家が貧しくて、両親も満州の苦労からか病気がち。私は長男なので、中学生の頃からいろんなアルバイトをしました。でも何をやらせても使い物にならない。〝グズてつ〟と呼ばれてました」

ゴムひもや歯ブラシなどの日用雑貨を売り歩く商売もやった。お金のありそうな家の玄関先で、誰か出てくる前に商品を並べてしまえば、何か買ってくれると教わった。

「これ、押し売りじゃない（笑）。でも、いざ家の人が現れると、すみません、何でもないんですって出てきちゃうんで、ひとつも売れなかった」

見かねた周囲の大人が、貸本屋向け専門の小さな出版社の三行広告の切り抜きをくれた。「児童漫画家募集」。主婦の友社に勤めたこともある本好きで、だからかえって漫画を嫌った母親の目を盗んで描き進め、応募した作品『復讐のせむし男』が、17歳のデビュー作になった。

「私にはこれしかないと思った。人に頭を下げたり、騙したり困らせたりせずに、うまくすれば喜んでさえもらえる。だからしがみつきました」

その後の実績については、多くを語るまでもない。まだ女性の漫画家が珍しかった時代に、「一種の隙間産業として始めた」少女漫画から、創刊間もなかった当時の『少年マガジン』に主戦場を移して、『ちかいの魔球』『紫電改のタカ』『ハリスの旋風』『あしたのジョー』『おれは鉄兵』『あした天気になあれ』等々の名作を発表してきた。

互いを認め合った梶原一騎

『あしたのジョー』の原作者は、強烈な個性で知られた男だった。実績のある漫画家とのコンビには当初、編集部内でも空中分解を危惧する声が上がったが、結果的には絶妙の化学反応を起こして日本漫画史上に輝く傑作となった。それだけに、ちばにとっても思い出が尽きない。

たとえばジョーが収容されていた少年院に、葉子の率いる学生劇団が慰問にやってくる。演目は「ノートルダムのせむし男」で、なぜか段平がカジモドに扮したという話。

「たぶん梶原さんが、私のデビュー作を読んで、振ってくれた。その時は気づかなかったけど」

あるいは東洋バンタム級チャンピオン・金竜飛の生い立ちだ。彼は朝鮮戦争で戦災孤児になり、飢えて骨と皮だけになりかけながら、半死半生の脱走兵を岩で叩き殺して食料を手に入れる。だが、その男は金の父親だった……。

「あれも梶原さんのストーリーでしたが、背景に描いた絵が、とても生々しく仕上がったんです。水たまりに顔を突っ込んで死んでいたり、その水を飲む人がいたり。引き揚げてきた時の記憶で描いたんだよーって編集さんに話したっけ。少年誌に描いていいんだかなとは思ったのですが」

四半世紀近く前に梶原一騎の伝記を書いた筆者には、『あしたのジョー』が成功した最大の理由を、今度こそ本当に理解できたような気がする。それはちばと梶原の、タイプは水と油の2人が互いを認め合い、尊重しながら、それでも我を通したプロ根性、そして繊細さではなかったか。

矢吹丈の他にも、ちば作品の主人公には「ジョー」が多い。戦記漫画『紫電改のタカ』は滝城太郎、マラソン漫画『走れジョー』も、やはり城太郎だった。それで2016年、詩人のアーサー・ビナードに、こう尋ねられた。

「違っていたらごめんなさい。ジョーという名は、ひょっとして満州の徐さんの〝ジョ〟でしたか?」

そんなつもりはなかったけれど、そう言われれば、刷り込みか何かはあるのかも。私は徐さんに心底から恩義を感じているからと、ちばは語った。

還暦を少し過ぎた頃、心筋梗塞をはじめいくつもの大病に見舞われた。手術を受けて退院し、3週間ぶりに自宅に戻ると、アシスタント部屋がもぬけの殻だった。あの手塚治虫も、石ノ森章太郎も、この年配で世を去っている。もう無理だと判断した夫人が、スタッフたちに退職金を渡して、プロダクションを解散させていた。

以来、ちばはあまり大きな仕事をしていない。右目の網膜剝離もあり、現在の連載は『ビッグコミック』（小学館）の巻末カラー4ページ「ひねもすのたり日記」だけ。引き揚げ体験も、教鞭をとる宇都宮の文星芸術大学への行き帰りも、『キャプテン』や『プレイボール』で一世を風靡しながら、1984年に41歳で自らの命を絶った同業の弟・ちばあきおへの思いも、過去と現在を行きつ戻りつして、みんなエッセイ風の作品にしている。

†「戦争は人間を餓鬼にしてしまう」

最近のちばが考えていること。

「共謀罪もそうだけど、政治家は自分たちはいいことをしていると考えているんですよ。テロが起きないように、よい日本をつくるためだって。ただ、戦前にも同じような時代があったことを知らない。当時を知っている人は、もっと伝えないと」

ちばは例年、故・林家三平夫人の海老名香葉子が主催する、上野公園での空襲犠牲者供養式「時忘れじの集い」に参列し続けてきた。東京ばかりか日本中の空襲を指揮し、原爆投下にも深く関与したカーチス・ルメイに勲一等を与え、〝日米同盟〟の絆にしたのが日本という国である。

「よじれますね、内臓が。戦争というのはね、人間を餓鬼にしてしまうんです。人間が人間じゃあなくなるんですよ」

ちばは作品の描き込みについての考え方を、一時とずいぶん変えている。ジョーの終盤や鉄兵、のた松の頃は、描線が濃い印象が強かったが、最近は余白を大切にする態度が目立つ。2017年2月に開かれた文星芸術大卒業制作展のギャラリートークでも、学生たちにそう指導していた。

「ちばプロにいた川三番地君にも、描かないで感じさせろと話しました。近頃の彼の絵が細かすぎるんで、あまり描き込むなと電話したんです。自分のをあらためて読み返しても、ちょっと（笑）。漫画というのは立ち読みの繰り返しですから、床の間から節目から、落ちてるゴミまで、ぜんぶ描き込んであると、つらくなっちゃうよね」

川（1957年生まれ）にも確認した。近作『あしたのジョーに憧れて』で、まさに鉄兵・のた松当時のちば流に学んだ喜びを作品化した漫画家だ。

「でもそれは、先生が目を悪くされたから……、なあんて（笑）。先生の真意はわかってるので、大丈夫です。それより、漫画家は体力づくりが大事だと言われていたのに怠って、近頃は10分立っているのも難しくなってきたのが困ります」

わかりやすく伝えようとするあまり、教えと逆の表現になってしまったのか。そう川は言った。

ちばてつやとその作風を継承していく教え子ならではの阿吽《あうん》の呼吸だ。前出の森田らと例年主催し、2017年4月8日に東京・浅草で開いた「まんしゅう母子地蔵の法要」でも、ちばは森田や、やはり〝マンビキ少年〟（満州から引き揚げてきた男の子）と陰口を叩かれた漫画評論家の石子順らに、父親のシベリア抑留記『凍《こお》りの掌』と、母親の名古屋大空襲体験を描いた『あとかたの街』で日本漫画家協会賞の大賞を受賞したおざわゆきや、『戦争めし』の魚乃目三太ら、若いが戦争の悲惨さを伝えている新鋭たちを引き合わせていた。

体力づくりの現場も目撃した。2017年4月下旬、東京・練馬の光が丘公園野球場。

『ちかいの魔球』をきっかけに野球に目覚めて結成し、半世紀も続けている草野球チーム「ホワイターズ」の8番ファーストで出場したちばは、棋士たちのチーム「キングス」を相手に四球を選び、守っては幾度もの守備機会を、ことごとく危なげなくこなした。
20歳も年若で、ちばの作品で育った筆者など、もはや体が動きそうにない。功成り名を遂げて、それでも危険な方向に流れつつある時代に抗うちばの姿に、自由と尊厳を貫き闘い続けたジョーの魂を見た。

（文中敬称略）

3 日本の首相は典型的な〝ケータイ人間〟

†フェイスブックに躍る安倍首相

安倍晋三首相が２０１３年12月26日の午前11時、靖国神社を参拝した。就任１年目の区切りの日を選んだそうで、よほどの側近以外には当日の朝まで知らせなかったのだとか。

ここでのテーマはこの行為の是非ではない。ただ、まずは2014年が明けて間もなく発行された週刊誌の記事を紹介しよう。中国や韓国からの非難は織り込み済みだったにしろ、米国にまで「失望した」と突き放され、当然のように溢れた批判報道の数々に、当人の心中も穏やかではなかったのではないかと思いきや、どこ吹く風らしいとして――、

〈「実は…」

と、先の官邸関係者が打ち明ける。

「安倍総理がFB（フェイスブック＝引用者注）に靖国参拝を報告したところ、直後から賛同を意味する『いいね！』が1日で4万件を超えました。翌日には6万件を超え、現在は8万件に達しています。これまでも、『いいね！』が時に2万〜3万件になることはありましたが、今回は極めて多い数字です」

つまり、FBに寄せられた喝采の嵐に気を良くしているというわけだ。あるFBユーザーによれば、

「加えて、コメントも1万件以上寄せられており、これも驚異的な新記録。しかも、そのうちのおよそ95％が靖国参拝に肯定的な内容なのです」〉

『週刊新潮』2014年1月16日号に載った「靖国参拝『安倍総理』を暴走させるFac

ｅｂｏｏｋ『いいね！』」である。結びには「総理にはマス・センティメント（大衆的な情緒や気分）に依存することの危険性を自覚してほしい」とする佐伯啓思・京都大学大学院教授（現、京都大学名誉教授）の談話。日頃はタカ派バリバリの誌面であるだけに、揶揄するような調子が新鮮だった。よほどあきれたものと思われる。

〈世界を救えるのはあなただけ〉だの〈神国日本！〉〈日本人は選ばれた民〉だのといったＦＢの書き込みも引用されていたが、これ以上は省略。仮にも総理大臣を名乗る人間がいくらなんでもこんなものを喜ぶのかと思うが、安倍首相のＦＢ好きはあまりに有名だ。いわゆるネトウヨ（ネット右翼）の賞賛を浴びて舞い上がり、自分に逆らう論者を〝左翼〟と決めつけては攻撃させるよう仕向けてきた。東京・新大久保などでのヘイトスピーチとの親和性を指摘した本（安田浩一、香山リカほか『安倍政権のネット戦略』創出版、２０１３年）さえ刊行されている。

ひとり首相だけの性癖なり資質なら救われる。そのうち表舞台から消えていく。しかし近頃はどいつもこいつもこんなふうになってきたようなのが問題なのだ。

ＦＢなるものの詳細は知らない。ケータイやスマホの類がなければこうまで広まらなかったことはわかる。

そんなこともあって、私はこの種の機器が大嫌いだ。そんなこと「も」というのは、あれこれ言い出せば際限がないから。

①自分には使いこなすのに必要な能力も人格も備わっていない。②周囲の人に迷惑。③わき見運転を促し、交通事故の元凶になる。④便利すぎて依存してしまうのが怖い。⑤何でも検索できるので全知全能の神になったような錯覚に陥るのが嫌。⑥電磁波の問題。⑦GPS（全地球測位システム）などで監視される。⑧公衆電話を片っ端から撤去して事実上の携帯義務を課す一方、マスコミに莫大な広告費をばら撒いて批判的な報道を抑え込んだ電気通信事業者の体質。こんな連中やその周辺の有象無象になんだか操られるような感じが、なによりも嫌だ。

等々の許せぬ諸点を、私はたとえば拙著『私がケータイを持たない理由』（祥伝社新書、2012年）で列挙した。もとを正せば普及の初期にホテルのロビーでダミ声を張り上げていた地上げ屋や、カタギはカタギでところ構わず辺りを睥睨し、がなり立てたり通話相手にヘコヘコしたりの1億総チンピラと化した世相にたまらない嫌悪を覚えた、早い話が美意識の問題だったのが、いつの間にかずいぶんと風呂敷が広がった。

†人はなぜネットとケータイにハマルのか？

そこで、これらをひっくるめた問題意識というか、安倍首相の言動にも象徴される、ケータイの利便性そのものに内在している欠陥の核心に絞ろうと思う。こういうことだ。

――人間のバカさかげんがムキ出しになる。

あるいは、

――人間はバカだからケータイにハマる。

のか。きっとタマゴとニワトリの関係で、どっちでも大差はない。もちろん私などとはケタの違う、能力も人格も備わった人物が自らを律し、ストイックに使いこなせばメリットだけを享受できるのかもしれないが。

ライトノベルの分野で活躍中の現役作家が、同業のライバルに対する罵詈雑言をネット掲示板に書き込んでいた事実が発覚して、読者や編集者の信頼を一気に失った。2013年の夏、その掲示板から流出した会員情報から特定されたものである。

いくつかの賞を獲り、アニメ化された作品もある男だった。今もなお彼は愚行の後始末に追われているという。

同年末の新聞に報じられた、かなり知られた騒動である。それによると、作品の評価を気にして掲示板へのアクセスが頻繁になり、匿名でできる書き込みに「歯止めが利かなくなった」（本人）由。

ああ、バカバカしい、もったいない。35歳にもなった、しかも立派な業績もある大人が、なんとまあ幼稚な振る舞いをと、惜しまずにはいられない。

こんなバカをしている暇に、彼はもっと人に会い、本を読み、旅をして、酒を飲んで、愛する人と人生をもっとずっと楽しむことができたのに。そうしていれば、もともと実力はあったのだろうから、ライバルを凌駕することも、いくらだって。

他人《ひと》様のことばかりは言えない。私はケータイは嫌いでもパソコンは使うので、アクセスしたくなる心理まではよくわかる。書き込みだけは絶対にしないが、つい先日も、ある人権団体に招かれて行った講演の評判が気になり、検索してみて大後悔。

地元の新聞が報じていたらしく、その記事と私、および同じ集会で歌や踊りを披露してくれた在日の若者たちに対する罵詈雑言が溢れに溢れていた。平和や平等を口にするだけで「バカ、アカ、サヨク、金正日《キムジョンイル》の手先」とせせら笑われるのが普通になって十数年、近頃では「この手合いに罵倒されずに済む話しかできないようなら俺はジャーナリスト失格、いや、「人間失格だ」くらいの境地に達していたつもりの私も、さすがに吐き気を催した。あんなものは見ないのが一番。わかりきっていて、それでもついつい見てしまう。ネットの魔力だ。

†ソーシャルメディアの功罪

ああしたものの発達で、誰もが自分の意見を満天下に伝えることができるようになった。本来は素晴らしいことであるはずだ。

しかし、思いを文章で表現するのは難しい。だからこそプロの物書きは寿命をすり減らしながら執筆し、推敲を重ねる。そうして書かれた原稿も、担当の編集者やデスク、校閲者など、これまたプロ集団の幾重ものチェックをクリアできなければ、読者の元には届かないのである。

素人のブログは、プロセスの一切合切をすっ飛ばす。優秀な書き手がいないとは思わない。だが大概は違う。況《いわん》や手軽が取り柄のケータイや、わずか140字のツイッターにおいてをや、だ。

論理性は限りなく排除され、感情に訴える刺激的な言葉づかいばかりがネット空間を席巻する。それでこそ伝わりやすい。ケータイユーザーの思想傾向は社会全体のそれとほとんど変わらぬはずにもかかわらず、かの世界では安倍シンパばかりが目立つ所以《ゆえん》と言うべきか。

FBやツイッターのようなソーシャルメディアが「動員の革命」をもたらしたと、メディア・アクティビストの津田大介氏は論じた。彼は著書『動員の革命』(中公新書ラクレ、2012年)で、その成果の代表例に「アラブの春」と総称された中近東の一連の革命を位置づけている。

正鵠を得た指摘だと思う。日本でも3・11福島第一原発事故後の反原発・脱原発運動の力になったことは確かだし、前記の悪夢とは裏腹に、私自身もソーシャルメディア・ネットメディアに励まされた経験がしばしばだ。

ケータイにはよいこともいっぱいある。アレはあくまでも道具であって、それ以上や以下のものではないに違いないのである。

ただ――。

アラブの春のその後は、なんだかなあ、だ。脱原発も尻すぼみ……かと思いきや、小泉純一郎元首相の登場やら細川護熙《もりひろ》元首相の東京都知事選出馬やら、あらぬ方向に舵が取られていく気配が。動員で動かされる人の心など、所詮はそんなものでしかないということなのだろう。

私はと言えば、誰かひとりの褒め言葉が大勢にリツイートされていく様子は嬉しいけれど、つまらない。すみません、恐縮です。私の本なり講演なりに何事かを言ってくれるなら、できれば自分の頭で考えた、自分の文章で綴っていただきたいな、などと考えてしまうのは、ワガママな贅沢だろうか？

石器時代の昔から、人間はたかが道具にも変えられてきた。便利になりすぎた時代は、いずれ「熟慮」や「沈思黙考」の価値を忘れさせ、代わりに「軽挙妄動」「軽佻浮薄」といった四字熟語に、むしろポジティブな意味さえ帯びさせていくに違いない。

いい歳をして深く考えずに発言し、身勝手に走り出しては、それを行動力だかリーダーシップだかと勘違いしているケータイ人間の典型が安倍首相だ。はたして彼は、件《くだん》の靖国参拝で、日本国民にとてつもない不利益をもたらしてくれた。

あの後、韓国の尹炳世《ユンビョンセ》外相は何と言ったか。「日本の首相は東北アジアの平和と協力の大きな障害物」だと吐き捨てたのである。年明け早々、仕事始めの挨拶だった。韓国に対する好き嫌いは別にして、こうまで蔑まれてしまったことの意味がよくよく吟味され、対応が講じられなければならない。

みんなが喜んで使っている道具を、偉そうに腐してしまって申し訳ないと思う。上から目線の誹《そし》りも甘んじて受ける。それでも私は言わなければならない。書き続けなければならないと考えるのである。

ケータイは物凄い技術だ。けれども人間には100年早い。ケータイ人間がリーダー面する時代は、永久にあるべきではない、と。

4 ケータイは支配のための監視の道具

†1カ月に970億件の通信傍受をしていたNSA

CIA(米中央情報局)やNSA(米国家安全保障局)の元要員で、それら諜報機関の国民および世界中の人々に対する監視の実態を白日の下に晒したエドワード・ジョセフ・スノーデン氏。彼が持ち出した内部文書によれば、NSAは2013年3月だけでもアメリカ合衆国内で約30億件、全世界で約970億件の通信回線を傍受しており、そのためにはグーグルやフェイスブック、スカイプなどの大手企業の協力を得ていたし、合衆国とともに〝ファイブ・アイズ〟と呼ぶ監視ネットワークを形成している諸国――英国、カナダ、オーストラリア、ニュージーランド――の機能も動員させていた。

そのスノーデン氏の証言をスクープしたジャーナリスト、グレン・グリーンウォルド氏の著書『暴露』（田口俊樹ほか訳、新潮社、2014年。原題は〝NO PLACE TO HIDE: Edward Snowden, the NSA, and the U. S. Surveillance State〟）に、次のような記述がある。氏は香港のホテルでスノーデンと初めて会った際、ケータイを所持しているか否かを問われたという。

〈ブラジルでしか使えない携帯電話だったが（引用者注・グリーンウォルド氏はリオデジャネイロ在住）、それでもバッテリーを抜くように言われた――それができないなら、この部屋のミニバーの冷蔵庫に入れるように、それで少なくとも、会話を聞き取りづらくはなります。

（中略）合衆国政府はここ数年、さまざまな犯罪捜査において、実際にその手法を幾度も使ってきていた。二〇〇六年に、ニューヨークでギャングの犯罪容疑に関する訴訟を担当した連邦裁判所判事は、FBIがいわゆる〝ローヴィング・バグ〟――遠隔地から個人の携帯電話を起動させて、盗聴器として使うこと――を合法捜査として認めていた〉

うかつに口にすれば被害妄想と嘲笑されかねない杞憂は、やはり事実だったのだ。筆者自身はと言えば、グリーンウォルド氏と一応は同じ職業名を名乗ってはいるものの、残念ながら、これほど緊迫した現場に立ち会った経験がない。だから直ちに連想できたのは、新聞報道で読み知った、先ごろ広島県警が摘発したばかりの小さな（ただし深刻きわまりない）事件でしかなかった。

†スマホのアプリで個人情報を不正に入手

東広島市の中学校に勤務している43歳の男性教師が、元交際相手のスマートフォンに特殊なアプリを無断で取り込み、彼女の動きを遠隔操作で自分のアドレスに送信させていたというのである。

逮捕容疑は不正指令電磁的記録（コンピュータ・ウィルス）に関する罪。２０１３年７月から２０１４年３月までの間に、通話履歴の閲覧を35回、位置情報の検索を３９９回、周囲の音声の録音を６６６回も、それぞれ繰り返していたそうだ。

このようなアプリの存在自体は承知していた。ケータイの盗難防止を謳う「ケルベロス」（ギリシャ神話に出てくる冥界の番犬）と称されるもので、前記の他に写真の撮影・転送の遠隔操作なども可能だ。誰でもダウンロードでき、利用料もわずか400円程度で済む。

「ケルベロス」はインストールされなければ働かない。NSAやFBIは当人や周囲の手間も意思も抜きで何でもできてしまう差はある。これはこれで大きな違いだ。自分以外の人間にケータイを触れさせなければこの種のストーキングは防げるが、国家権力から逃れる術はない。スノーデンの指示とても完璧ではないのである。

いずれにせよ断言できることがひとつある。ケータイの保有とは、イコール自らの一挙手一投足が何者かに監視され、記録される環境を、保有しない場合に比べて格段に整備・拡大することに他ならないということだ。その先はユーザー個々の受け止め方である。

ストーカーと国家権力のどちらかだけなら構わないのか、どちらも嫌なのか。あるいはどちらも容認するのか。

私はケータイを持っていない。なぜなのかは前項で書いた。見張られる人生など真っ平御免だというのも、大きな理由のひとつになっている。

†思想をコントロールするための監視

他人を監視したがる人々の目的を考えてみよう。『暴露』によればアメリカ政府は世界中のあらゆるプライバシーを消滅させるつもりであるという。人々を見張り、また監視の目を意識させることで言動や思想をコントロールし、服従を促して、支配しやすくできるから。

公権力による監視の手口は、したがって多岐にわたる。日本でもマイナンバーという名の国民総背番号制度をはじめ、ＩＣ搭載のＩＤカード、盗聴を合法化した通信傍受法等々。全国の街という街に設置され続ける監視カメラ網には、近い将来、警察などが管理する国民の顔写真データベースと瞬時に照合して捉えた人間を特定できる顔認識システムとの連動が予定されている。

ケータイは多様なツールのひとつに過ぎないとも言えるが、なにしろ依存性が異様に高い。ＧＰＳ機能でユーザーの現在位置を知ることも簡単なのだから、監視したい側にとってはなんとも都合のよいアイテムだろう。

では民間はどうか。

ストーカーのおぞましさはわざわざ非難するまでもない。近年は営利企業が人々を監視する動き、および政府がそのための環境を整備していく政策が目立っている。インターネットの普及が、広告による告知を中心とした従来のマス・マーケティングよりもはるかに効率のよい、消費者一人ひとり個別に働きかけるダイレクト・マーケティング（ワン・トゥ・ワン・マーケティングともいう）を容易にしたためだ。

多国籍コンサルティング・ファーム「アクセンチュア」の関係者らがまとめたビジネス書に、ちょっと凄まじい発想が開陳されたことがある。彼らは顧客の購買・行動動機に注目した販促活動を「超動線マーケティング」と呼んで、こう書いていた。

〈さらに、この超動線マーケティングの実践は、顧客の行動そのものを変えてしまうことさえも、可能だ。

たとえば、恵比寿にいる顧客に対して、近隣の渋谷の馴染み店からの情報を配信する。彼らが渋谷へ行く意図が事前にあったかどうかにかかわらず、物理的に実際に渋谷へ誘導し、商圏を移動させてしまうのだ〉（三谷宏治ほか『ｃｒｍマーケティング戦略』東洋経済新報社、2003年。傍点引用者）

魂を湛えた人間は、ここにおいて単なる「消費者」とか「顧客」といった単語では表現しきれない、操られるべき「商圏」以上でも以下でもないものだと認識されている。権力の支配欲と本質は同じだ、と断じてよいかもしれない。ちなみにcrmとはCustomer Relationship Management（顧客関係管理）の略で、一般には情報システムを駆使して顧客の利便性や満足度を高め、長期的な関係を築いていくマーケティング手法のことを指している。

†「全能感」と人間支配への欲情が謙虚さを失わせる

情報化社会の陥穽。ケータイ、とりわけスマホのユーザーはよほど用心しなければならない、利便性のメリットだけでなく、プライバシーの侵害に通じる側面についても十分な議論が必要だ、などとは聞き飽きた常套句である。

しかし、どうやって？　それなりに人権感覚が発達し、法的な制約も整っていたアメリカの現実は、すでに誰の目にも明らかだ。在日コリアンに対する〝ヘイトスピーチ〟の禁止をはじめ、あまりに下劣な状況が国連規約人権委員会の勧告さえ受けるに至った日本では、そもそも政府や企業に歯止めをかけなければならないという思考回路そのものが皆無に近い。安倍晋三首相は2013年5月、アベノミクス第三の矢「成長戦略」の内容を公表した際、いわゆるビッグ・データは付加価値の高いビジネスを生む〝宝の山〟なのに、として、こんなことまで口走っていた。

「（これまで）プライバシーかデータ利用かという二項対立が続き、宝の山は打ち捨てられていました。これにもメスを入れます。（中略）もう議論は十分です。とにかく実行に移します」

いかにも彼らしい発言だ。何と言われようと人権を脅かすリスクなど聞く耳を持つ気はない、そんなものは切り捨てるという宣言だった。

監視のツールとしてのケータイの恐怖を綴りながら、筆者は今、かねて抱いてきたケータイ嫌いの最大の理由をあらためて見せつけられているように思えてならない。それは「全能感」だ。何でも検索できるので全知全能の神にでもなったような錯覚に陥るのが嫌なのだ。

もともとは精神分析学の第一人者だった小此木啓吾・慶應義塾大学教授（故人）が、それゆえにネットやケータイは人々を魅了すると2000年に刊行された著書で論じていたのに引っ掛かりを覚えていたのだが、時代を経、取材を重ねるにつれて、実にこの点こそが本来は罪のない、ただ便利な道具でしかなかったはずのケータイに底知れぬ悪魔性を帯びさせているのではないかと考えるようになった。

くどく説明するだけの紙数はない。所詮はお前だけのヘソの曲がった感じ方だと言われればそれまでだが、ケータイの保有率が1人に1台を超える水準を大幅に上回った日本で何よりも変わったのは、人々の心理だと、筆者は思っている。

おしなべて謙虚さが失われた。多くの人々が平気で無知を曝け出し、他人を傷つけて恥じもせず、それどころか居丈高に罷り通る。ヘイトスピーチがネット空間で生まれ、今なおとめどなく増殖している事態が、何よりの証左だろう。

全能感と人間支配への欲情はあまりにも相性がよい。ほとんど同義なのではないかとさえ思えてしまう。だから恐ろしいのだ。未来社会が。ケータイに操られた人々に支配される時代が。

†ケータイに依存しないと生きにくい社会

軽々しく監視され、支配されないために、まだしも自由な部分を残しておくために最も手っとり早いのは、ケータイを持たないことである。だがもはや、少なくとも筆者の程度には天邪鬼でないと、無理な相談に違いない。

なにしろ公衆電話という存在はもちろん、もしかしたら言葉までが消え失せつつある。出張で泊まるビジネスホテルの部屋でも、外線電話など架けられないのが普通になった。少し前までは、それでも苦情を言えば「申し訳ございません」ぐらいの礼儀は弁《わきま》えてくれていたものが、最近では「ハァ？ あんた頭おかしいのか」とでも言いたげな表情だけしか返ってこない。いや、いちいち例を挙げるまでもなく、今や世の中の中核にはネットがあり、その端末であるケータイ、スマホは最も重要なインフラに成り果《おお》せている。

ケータイに依存しない人間は、それだけで生きにくい社会が、まるで当然のように構築された。ということは、全能感に満ち溢れた人々や、そのような世の中に慣れさせられた人々も幾何級数的に激増していく——ということになるのだろうか。

スマートフォンをいじくりながら歩く迷惑行為を「歩きスマホ」と言うと聞いた。この連中には何度もぶつかられそうになって、つくづく辟易している。若い頃ならわざとぶつからせ、胸倉を摑んで謝らせ憂さ晴らしと行きたかったところだが、体力が落ちた最近は、万が一にも駅のホームから転落したり、道路に弾き飛ばされたりが怖くなって、こちらから除けるようになった。

そう言えば安倍政権流の発想なら、こんな時、あらかじめぶん殴る先制攻撃という話になるのだろうな、それなら多少の衰えはカバーできるかも。一丁やったるか、ぶつかられて下手したら死ぬのは俺の方なんだから、これは自衛のための暴力だ——などと時に考えかけないこともないけれど、慌てて中断するのが常である。そんなことを始めたら、人間は限りなく獣に近づいてしまう。

テクノロジーの発展が、またしても人間の獣性を甦らせかねない時代。後戻りなどできっこないと、わかりきってはいるのだけれど。

5 「私は番号ではない」の至言を糧に生きる

†一挙手一投足が追跡・記録される

〝マイナンバー〟が動き出した。講談社の今はなき硬派ビジュアル月刊誌『Views』で書いて以来、かれこれ20年近くも危険を叫び続けてきた国民総背番号体制が、ついに実現してしまう。

屈辱と憤激で心が爆発しそうだ。〝マイナンバー〟とちょんちょんカッコをつけるのは、自分で望んだものでないからに他ならない。政府が一方的に「これがお前の番号だ」と割り振ってよこした「ユアナンバー」でしかないではないか。「囚人番号」でもよいけれど。だが現実は現実。目を背けても通知は必ず届けられる。ならば正面から見据え、対峙するしかない。今後の生き方を考えた。

国民総背番号体制の下では、いずれ何をするにも〝マイナンバー〟の提示が求められることになろう。ＩＣチップ内蔵のＩＤカードを常に携帯していなければ何もできないと言った方がわかりやすいかもしれない。目下は役所の関係に限定され、大したことはないようでも、数年後には民間への開放が必定だ。私たちの一挙手一投足は、これを運用する側の人々によって、絶えず追跡・記録されていく。

番号は番号だけで完結しない。近い将来には当然、あらゆる監視ツールを結びつけるマスターキーとして働くようになる。

たとえば安倍晋三首相が第一次政権時に設置した有識者会議「イノベーション25戦略会議」は２００７年に公表した中間報告で、２０１０年代から20年代にかけて実用化すべき技術・システムだとして、こんな構想を挙げていた（傍点引用者）。

・監視カメラがネットワーク化され、未然に挙動不審者を発見する自動監視システム。
・公共的空間に設置された監視カメラで認識し、人相・しぐさ・顔かたち・音声等を解析することにより、指名手配犯・重要参考人等の所在確認を支援する技術――。

大前提に国民総背番号体制がある。現代のテクノロジーは、あらかじめ登録された顔写真やしぐさ、声紋等のデータと、今この瞬間に捉えた映像なり音声なりとを、瞬時に照合することを可能にした。誰と誰が一緒にいて、何を話しているのかもわかる。警察の権限が拡張された盗聴法（通信傍受法）や、携帯電話のGPS機能なども、もちろん連動する。徴兵逃れを阻止できる威力はアメリカの社会保障番号で実証済みだ。

彼らは神の目と耳を得る。かくて築かれる監視社会は、この国の社会を〝見張る側〟と〝見張られる側〟とに分断する。ただでさえグローバルビジネスの利益を絶対的な価値とする新自由主義イデオロギーの暴風がもたらした階層間格差を、とめどなく拡大していく。

†「国民は奴隷になりたがってる」

心配する向きが多い個人情報の漏洩のごときは、単なるコスト、アメリカ政府の戦時常套句〝コラテラル・ダメージ〟（やむを得ない犠牲）と見なされているとしか思えない。どの組織にも所属していないフリージャーナリストの筆者など、年間に3ケタ近くの仕事先に番号を伝えなければならなくなるのだから、どこかで漏れない方が異常だ。

『Views』での取材で会った官僚のセリフを思い出す。〝マイナンバー〟の前段になった住基ネットの法案もできていない頃だったが、その問題点をよく承知していた彼は、「じゃあどうして、省内で反対の声を上げなかったのですか」と尋ねた私に、「だって、国民は奴隷になりたがってるんでしょう。本気で反対の人なんて、日本中であなたを含めた数人だけ。国民の意志に従うのが役人です」と返してきたのだった。

――などという話をすると、しばしば、「監視されるのが嫌なんて、斎藤は後ろ暗いことばかりしているからだ」の罵詈雑言を浴びる。それはそうだ。誰にも言えない経験ぐらい山とある。誰だってそうだろう。しかもこの場合、なにしろ監視の中身はブラックボックスなのだから、何が悪くて何が悪くないかの判断は全面的に運用側に委ねられるのに、バカかこいつらはと思うのが常である。

最近はめっきり大人しい私だが、これからはわからない。もしも戦争になって、愛する人の命を奪われたら、戦争を始めた奴に必ず復讐する。鬼にも蛇にもなる。どんなに汚い手だって使う。

で、とりあえずの結論は。

役所や企業に何もかもを見張られようと、私は徹底的に無視すると腹を括った。己の信じる道を堂々と歩む。断じて萎縮しない。これまで通りに言いたいことを言い、やりたいことをやる。日本など国家として認めない。

それで不都合が生じたら生じたで結構。なぜなら俺は悪くない。人の道を踏み外さない自信だけはある。それでもブチ込まれたり吊るされる事態に陥るならその時はその時、生きる値打ちのない世の中になど未練はないということだ。

他人を番号呼ばわりし、ビッグデータ扱いしたがる変質者連中の思い通りに操られるぐらいなら。萎縮して自ら人間としての尊厳を、もっと言えば人間であることの条件を放棄するぐらいなら、私は己の掟に殉じたい。

自意識過剰と嗤わば嗤え。国民総背番号体制においては個人の監視にいささかの労力も必要ない、社会の隅々に張り巡らされたハイテク監視システムに、ターゲット自身が勝手に足跡を残していくのだと、長年の取材が私に教えてくれた。

かつて住基ネットの反対運動でご一緒した古代ローマ史の泰斗・弓削達《ゆげとおる》先生（故人、元フェリス女学院大学学長）が、こんな言葉を遺されている。

「私は番号ではない。弓削達である」
この至言を糧とし、わがものとして生きていく。

6 「共謀罪」は社会をどう変えるのか

†新聞の世論調査で賛成が反対を上回る

安倍晋三政権が可決・成立を目指した「共謀罪」(2017年6月15日に参議院で可決・成立した)。批判的なマスコミ報道や反対運動の高まりが目立つ一方で、草の根ではむしろ、これを支持する声の方が強いのではないかと言われた。

毎日新聞社が2017年1月21、22日の両日に実施した全国世論調査でも、事実上の共謀罪とされる〝テロ等準備罪〟の新設を盛り込んだ「組織犯罪処罰法改正案」に「賛成」する人が53%と過半数を占め、「反対」の30%を大きく上回った。

ネット上に溢れる〝導入すれば辺野古の米軍基地反対派を一網打尽にできるwww〟的

な確信犯だけの賛成ではない。だからこそ問題なのである。
「賛成」と答えた人々の多くは、〝テロ対策〟という政府の主張を額面通りに、あるいは従来の常識のレベルで信じ込んでいるようだ。素直と言えば素直な受け止め方なのかもしれない。

だが、本当にそれでよいのか。殺人予備罪や爆発物取締罰則など、既存の法令だけで十分だと多くの法律家が主張する〝テロ対策〟を、共謀罪の新設でさらに強化できると仮定しても、その効果はどの程度で、引き換えに生じるマイナスはどんなものか。行為原則＝侵害性という近代刑法原則を軽々しく否定してよいのか。

そもそも〝テロ〟とは何なのか。2020年東京オリンピックを控え、何かと言えば〝テロ対策〟が謳われるが、ならば共謀罪を成立させる以前に、テロを招く要素を可能な限り減らす努力が大前提であるべきではないか。

以上のような葛藤や議論の積み重ね、実践がまずあって、それでも共謀罪が不可欠だという結論に至るのなら、個人的な賛否をさて置く限り、わからないではない。だが現政権の姿勢は違う。共謀罪は危険に過ぎる。

†「共謀罪」は現代の治安維持法

2013年11月、当時の石破茂・自民党幹事長（元防衛相）が特定秘密保護法案に反対する国会周辺のデモに触れ、「単なる絶叫戦術はテロ行為とその本質においてあまり変わらないように思われます」とブログに書いたのは記憶に新しい。この前年に公表された自民党の「日本国憲法改正草案」や、その後のマスメディアとの関係等を考慮すると、石破発言に窺える表現規制・言論統制への情念は、現体制のかなりの部分で共有されていると見てよいのではないか。

現に2016年夏の参院選では、野党統一候補や民進党、社民党の候補を支援する団体の建物敷地（大分県別府市）に、大分県警別府署が秘かに隠しカメラを設置し、人の出入りを監視していた事実が明るみに出た。2014年には岐阜県大垣市で、風力発電所建設計画に反対する住民らの病歴に及ぶ個人情報が警察に収集され、電力会社の子会社に提供された事件も発覚している。

つまり思想が取り締まられる時代になりつつある。ここに共謀罪が加わるとどうなるか。〝テロ等準備罪〟の対象は、〝組織的犯罪集団〟に限定されるので一般国民には関係がないと安倍首相は強調するが、信用できない。

あらかじめ犯罪組織の看板を掲げていない集団（当たり前だが）に対しても、警察が共謀罪を適用しようと判断した時点で犯罪組織だと認定すれば取り締まれる。その意味でネット右翼たちの期待は、実に的確ではあった。

すでに2016年5月には刑事司法改革関連法制が整備され、警察には盗聴権限の大幅な拡大や司法取引が認められた。共謀罪のために用意されたような捜査手法だ。同法制の原型となった国家公安委員会委員長主宰の「捜査手法、取調べの高度化を図るための研究会」最終報告（2012年）では、国民のDNA型データベース構築や、警察が〝組織的犯罪〟の拠点と見なした事務所や住居に無断で侵入し、監視カメラや盗聴器を据え付けても違法にならない法整備さえ検討されていた。

彼らは今後も、その種の構想を放棄はするまい。当初は数を絞るとされる共謀罪の対象範囲も、ひとたび通れば、いずれ確実に広がる。多くの刑法学者が口を揃えるように、共謀罪は、まさに「現代の治安維持法」なのである。

とすれば独裁は必定だ。民主主義ないし自由主義を目指す社会にはなくてはならない、何であれ行き過ぎがあれば戒めるチェック機能を、私たちは失う。

†政府に盾突くには覚悟がいる

戦争や平和に直接関わる領域に限らない。石破幹事長の「デモもテロ」は特定秘密保護法制定前夜に飛び出したのだったが、2016年2月に発せられた「保育園落ちた日本死ね」という無名の一主婦によるツイッターを受けた国会前デモのような取り組みもまた、当然、同じ文脈で受け止められる可能性がある。いや、ツイートの文面自体が国会の場で自民党議員らにあれだけ口汚いヤジを浴びた現実に照らせば、むしろそうならない方が不思議である。

子育ての分野は、それでも一応は前向きな政策が打ち出されてはいる分だけ、まだしもだ。社会保障の充実のためとの大義名分で消費税率が8%に引き上げられた2014年4月に先立つ2013年12月に可決・成立した「社会保障制度改革プログラム法」は、社会保障のあり方を「公助」から「自助」の支援に切り替えていく工程を鮮明にしている。増税キャンペーンに騙された一般の思い込みとは裏腹に、今後も2016年に強行採決された「年金抑制法」に続く縮減策が目白押しだ。生きる道を狭められる国民がせめて抵抗の意思表示をとデモに参加して、それが共謀罪の適用対象にされることなどあり得ないと、誰が言い切れるというのか。

労働の分野もだ。共謀罪の新設はそれだけで労働組合の存在を脅かす。〝マイナンバー〟や監視カメラ網など、監視社会をもたらす他のツールよりは危機感を抱く人々が多く、反対集会が盛り上がりやすい理由のひとつでもあるようだが、労組だけの問題でないことはあらためて指摘するまでもない。

政府は、「働き方改革実現会議」の委員に連合の会長を任命しても、あえて非正規労働者の代表を含めなかった。発足後の議論の推移と併せて、安倍首相がいくら「非正規という言葉をなくす」とか、「同一労働同一賃金」を叫んでも、日本労働弁護団や自由法曹団に、「政府には非正規を減らす意思がない」、「限定正社員の賃金を引き下げつつ非正規労働者の賃金を多少引き上げ、人件費を低水準に落ち着かせ、正規・非正規の固定化を図るつもりだ」などと批判される所以である。

それどころか、一方で安倍首相が非正規の待遇を改善する目的のように繰り返す「多様で柔軟な働き方の選択を広げる」という表現は、ライドシェアや民泊をはじめとする「シェアリング・エコノミー」の担い手役の政策的拡大を連想させる。本場の米国ではスマートに「フリーエージェント」と呼ばれているそうだが、実態は取引先の指示に従うしかない労働者でありながら、独立自営業者としての責任だけは重い、建築業における一人親方のような労働形態でしかありはしない。

いずれにせよ「働き方改革」が国策である以上、政府の意志に盾突くために連帯するには、共謀罪を適用され、罪人にされてもおかしくない覚悟が伴わなければならないことにもされていく。

†新自由主義と優生学の人間観

共謀罪を支持することとは、とどのつまり、これまで述べたような世の中を許容することに他ならない。かくて定着される社会が「排除型社会」だ。

英国の社会学者ジョック・ヤングは、まさに『排除型社会——後期近代における犯罪・雇用・差異』(青木秀男ほか訳、洛北出版、2007年)という書物で、こう説明している。

エドワード・ルトワク(引用者注・アメリカの歴史学者)によれば、包摂型社会から排除型社会への移行から、次のような二つの事態がもたらされる。すなわち、一方では貧困層がたえず相対的な剝奪観を抱くようになり、そのために犯罪が増加の一途をたどっている。他方では、比較的裕福な層の人々も不安定な状態に置かれて不安を抱くようになり、法を犯すものにたいして不寛容と処罰をもって処すべきという意識が高まっている。犯罪の増加と処罰の厳格化という、私たちの社会が直面している二つの事態は、同じ根っこから生じたものである。

ヤングの議論は、世界を席巻し、あらゆる国々の階層間格差を広げている新自由主義イデオロギー分析の延長線上にあった。家庭環境や経済力次第で人それぞれスタートラインが異なる現実を無視し、あたかも正当な競争のように見せかけ、にもかかわらず自己責任原則を絶対のルールだと演出する新自由主義のシナリオは、イコール社会ダーウィニズムと同義と言って過言でない。

ダーウィンの進化論を人間社会に丸ごと当てはめ、社会的地位の高い人間は優れた人間、低い人間は劣った人間と見なし、〝劣った人間〟を排除していけば世界も人類も進化するという思想潮流は、19世紀後半から20世紀前半における欧米列強の帝国主義や植民地支配、あるいは労働者の搾取を正当化した。

権力者や巨大資本にこうまで都合のよい理屈も珍しい。そこに医学や遺伝学の装いを凝らしたのがナチスの優生学で、第二次世界大戦の終結とともに国際社会では一時的にタブー視されたのが、いつの間にか蘇っている構図だ。

†五輪は監視システム化の一大チャンス

日本でも1980年代の中曽根康弘政権時代に端を発し、2000年代の小泉純一郎政権で花開いた構造改革路線、さらには現在の社会保障の縮減や雇用の低位不安定化も、同じ文脈にある。その排除型社会を完成させる過程で、オリンピックのような大規模なメディア・イベントは、一大チャンスなのだ。『朝日新聞』の別刷り『GLOBE（グローブ）』が、鋭い論考を掲載したことがある。

「五輪やサミットは軍事産業や警備会社にとって格好の見本市になっている。一方、当局は高価な監視システムを導入する機会として活用する。そのインフラは大会後も残ります」。英ニューカッスル大学教授のステファン・グラハムは、こうした現象を都市の「軍事化」と呼ぶ。（中略）進められているのが、「先制的監視」と呼ばれる手法だ。インターネットや人工衛星、GPS、遠隔操作、レーダー、無人機、生体認証、大量のデータから傾向を見つけ出す「データマイニング」などを利用して、市民の日常生活から収集したデジタル情報によるデータベースが基盤となる。多くが20世紀後半から多額の軍事予算を投じて研究開発された技術だ。

英国の作家ジョージ・オーウェルが小説『1984年』で描いた監視社会を思い起こさせるが、グラハムはこう指摘する。「ビッグブラザーが支配する権威主義より、もっと巧妙。私たちはすでに生活の手段として、デジタル機器にどっぷりつかっている。その便利さは、常に監視されてプライバシーが失われる世界と表裏一体なのです」（其山史晃「五輪も舞台、『軍事化』する都市」『GLOBE』2016年4月3日付）

ここで考察された「監視システム」を、共謀罪と言い換えてみるといい。少なくとも現状では後者が適用されるケースは非日常だろうが、其山記者が乱打した警鐘の意味が身に沁みてくるはずだ。

†マスターキーとしての〝マイナンバー〟

共謀罪の真の恐ろしさは、もはや8割方の整備が終わったデジタル監視システムや他の思想統制メニューと並べるとわかりやすい。警察による盗聴権限の強化、全国の到る所に張り巡らされていく監視カメラ網、これと一体化する顔認証、音声認証、しぐさ認証等の各システム、卒業式における日の丸掲揚・君が代斉唱の強制、特定秘密保護法……。

2015年10月にスタートした〝マイナンバー〟制度が、それら諸メニューを串刺しにし、政府や巨大資本による個人の監視およびビジネス利用のためのマスターキーとなっていく。ちなみに筆者が〝マイナンバー〟とちょんちょんカッコをつけるのは理由がある。前項でも述べたように、これが国民総背番号制度以外の何物でもなく、私たち国民が自ら望んだわけでも何でもない、政府によって一方的に押しつけられた「スティグマ（奴隷の刻印）・ナンバー」だからである。

私見だが、〝マイナンバー〟の醜悪さ、いやらしさは、これに反発する個人の抵抗を搦《から》め手で許さないメカニズムに収斂していく。国税通則法や所得税法に勤務先や取引先への番号提出を義務づけられはしたけれど、こんなものは認めたくない個人が拒否すれば、それで処罰される規定は存在しない。

集団で拒否する反対運動も可能だが、税務署側からすれば、住所や氏名を承知している納税者の〝マイナンバー〟検索など造作もなく、運動はシンボルにはなっても実効性がない。それ以前に、もともと源泉徴収と年末調整のコンビネーションで勤務先を通じてしか納税できない給与所得者（サラリーマン）の場合は、政府とか税務署の公権力ではなく、人事や経理、あるいは直属の上司への提出を余儀なくされる。義憤を保身に優先できる人間が全国に何人いるものか。政府ならぬ勤務先にペナルティを科されかねないのだ。

筆者のようにサラリーマン税制の対象ではない、自ら確定申告をすることができる自営業者の場合も、結果的にはさほどの違いもない。2016年の秋頃から、100近くを数える取引先（原稿料や印税の支払いを受けた出版社など）から、連日のように〝マイナンバー〟提出の督促状が送り付けられてきた。無条件で従わないと、今度は「マイナンバー提供の拒否についての確認書」である。

……（前略）……拒否します。

本マイナンバー提供の拒否により、私が被る一切の不利益について理解し、株式会社●●に対して損害賠償等の法廷措置を行うことはいたしません。

という脅迫への屈服、というか、〝誓約〟を求められる。所詮は税務署に示唆された書式案の丸写しだろうが、そうであろうとなかろうと、自営業者がこの種の要求まで拒否すれば、行政の委託業務を滞らせる取引先を多く抱えた出版社の担当部門長は締め上げられ、下手をすればそれこそ企業経営上の著しい不利益を強いられよう。

間に入らざるを得なくなる担当編集者を板挟みにして苦しませるか、発注元に従順でない書き手には二度と仕事を回してもらえなくなると覚悟するか、2つにひとつの選択を迫られるのは、おそらく時間の問題だ。監視社会の取材を続けて20年になるジャーナリストの経験則である。

†共謀罪に内在する自民党改憲草案の発想

共謀罪が制定されてしまえば、これもまたよく似た原理で回っていくに違いない。2人以上の人間が集まれば、己の言動を絶えず誰かに密告されるかもしれないと思わされてしまう恐怖が、究極の監視社会への原動力になる。

もっとも、ここで論じたような共謀罪に対する批判も、政府にとってはおそらく織り込み済みだ。いざ可決・成立した場合、批判はそのまま現実に監視される人々への脅しとなり、絶望となる。沈黙への同調圧力が充満する相互監視社会の到来に他ならない。

2012年4月、自民党が野党に甘んじていた時期に公表した「自民党日本国憲法改正草案」の、これは先取り、いや、本質的な議論を無効化する既成事実化ではないのか。同草案の、国民の幸福追求権は最大限に尊重されなければならないとした現行憲法第13条や、集会、結社及び言論、出版その他一切の表現の自由を保障した同第21条などに、ことごとく「公益及び公の秩序に反しない限り」といった、運用する側に強力な裁量権の行使を許しかねない制約条件を課そうとする新条文案の発想が、共謀罪には、すでに内在している。

だからといって、警鐘が乱打されなくてよいはずがない。私たちは人間の尊厳を維持したいのか、そんなものはどうでもよいと放棄するかの、岐路に立たされている。

第 4 章

打ち捨てられる個人

（写真提供：時事通信社）

1　住民が激怒した「戦争道路」の復活

†住民の怒号が飛び交った「用地補償説明会」

国会では日本を戦前に引き戻す戦争法案が衆議院を通過してしまったが、軌を一にしてというか、「戦争道路」復活という真夏の悪夢のような話が持ち上がっている。

2015年5月21日、東京・北区の公立施設「元気ぷらざ」は異様なムードに包まれていた。埼玉県との県境に近い志茂1丁目での都市計画道路事業の「用地補償説明会」に、主催者側はするつもりだった会合である。司会の東京都職員が口を開いたとたん、「国交省への審査請求に対する回答が先だ！」という怒号が上がった。「まず説明をさせてください」と返す都側に、集まった地域住民たちは騒然とした。

「てめえんちが同じ目に遭ったらどうなのか、考えたこともないのかよ！」

「憲法違反じゃないんですか？」

そんな状態が30分ほども続き、結局、説明会は成立しなかった。夜7時にも同様の会合が持たれたものの、結果は同様。一体、何が起こっているのか。

正式には「都市計画道路補助線街路第86号線（志茂）事業」という。「火災が発生した場合の延焼を防止する目的で」（佐久間巧成・都都市整備局都市基盤部街路計画課長）、志茂1丁目を貫く幅5メートルの道路を、2020年までに約620メートルにわたり20メートルに拡幅。また沿道の奥行き30メートルまでを「延焼遮断帯」として、木造住宅の取り壊しと耐火建築物への建て替えを促す計画だ。

総事業費は84・3億円で、2月には国土交通省の事業認可も受けた。これを不服とした住民ら844人が、同省に認可の取り消しを求めて提出したのが前記の「審査請求」である。

住民グループの中心にいる志茂一保存会の中田守喜副会長（1949年生まれ）に話を聞いた。生まれも育ちも志茂の寿司店主だ。

「道路が拡幅されれば、多くの住民が住居や店舗を削らされたり、立ち退きを迫られる。知らない土地に放り出されるお年寄りが気の毒すぎるだけじゃない、残された者だって生活環境は一変させられてしまうんです。お上は巨額の税金を使って、住民の生活を壊しに来る。私は反体制的な人間だったわけでも何でもないけど、ここは人生をかけなきゃいけないと思った」

渦中の一帯は、住宅密集地とは言えない。至近距離には並行して幅広の道路も走る。防災を言うなら、同じ志茂町内にも優先されるべき地域がいくらでもある。

しかも、補助86号線計画の根拠として東京都が挙げているのが終戦直後の戦災復興院告示なのである。現在の防災目的が69年前から予見されていたとでもいうのか。さらに住民たちの退去を迫る行政側は、戦時中の勅令さえも持ち出して、己の正当性を主張している。

そんな都市計画道路が、現在の東京都には他にもいくつもあるのだ。

†天皇の戦時特例まで持ち出して事業正当化

東京都が推進する都市計画道路に対する北区志茂1丁目住民の抵抗は、真っ当だ。防災目的を謳う一連の計画に、まるで正当性がないからである。

844人の住民が国土交通省に提出した「審査請求書」には驚くべき事実が明らかにされている。彼らの生活を脅かす「補助86号線」は、終戦直後の1946(昭和21)年4月25日の戦災復興院告示で決定されたことになっているのだが、住民らによると、その裏づ

け も、 また現在に至るまで有効であり続けていることを示す根拠も見当たらないというのである。

具体的には、以下のようになる。

①戦災復興院には(道路)事業を決定する権限がなかった。しかも当時の都市計画法(旧法)第3条が定めていた主務大臣の決定および内閣の認可を裏づける公文書がどこにも存在しない。

②右の戦災復興院告示第15号には、「関係図面ハ東京都庁ニ備置キ縦覧ニ供ス」とあるのに、その原図もやはり存在しない。

③沿道を「延焼遮断帯」とするというが、本件工事による改善率は北区の発表でわずか0・8%。(それに費やす)84億3000万円の事業費は無駄遣いそのもの。

ちなみに、現在の東京都が推し進めている都市計画道路はこの他にも品川区戸越や豊島区池袋本町、板橋区大山町などに合計28カ所もあり、うち24カ所が、「補助86号線」と同じ1946年か翌1947年に決定されていた。残る4カ所も1968年に都市計画法が改正される以前の決定だ。

①で文書がないとされた「内閣の認可」について、東京都や国交省は戦時中に天皇が下

した勅令「都市計画法及同法施行令戦時特例」をもって、「なくてもよい」という立場をとっている。この言い分が通るのであれば、戦争遂行のための特別措置が蘇ったことになる。

原田英之・都市局街路交通施設課課長補佐の話。

「志茂の方々から審査請求があったのは事実です。国交省は審査庁として審理を進めておりますが、行政不服審査法の執行不停止の原則があるので、裁決までは着工の時期等で事業主体（この場合は東京都）に関与することはありません。とはいえ長く時間がかかれば住民の不利益ですから、請求から1年以内の裁決を目標にしています」

まともな判例がなくはない。1980年に大臣の認可を得ずに特急料金を値上げした近畿日本鉄道が提訴された際、同社が主張した戦時特例の有効性を、大阪地裁は「終戦で効力を失った」と切り捨てた。

審査請求書の結びから――。

〈(補助86号線は) 2020年に東京オリンピックが開催されることになり、これに東京都が道路整備を口実に、本来関係のない本件事業までも、たまたま70年前に行った無効の都市計画を利用して、道路拡張を行おうとしているものである。現実に必要性があるのであれば、姑息な手段によらず、改めて、抜本的に新たな事業手続の正当性、及び用途の必要性を樹立して、地域住民に問うべきである〉

†裁判闘争に踏み切った住民

東京都の補助86号線道路計画に生活を脅かされる北区志茂1丁目の住民たちは、ついに裁判闘争を決意した。差し止め訴訟に参加する原告団は合計111人。内訳は道路の拡幅で立ち退き等を強いられる地権者が66人、「延焼遮断帯」とされて土地建物の売却か建て替えを迫られる住民12人、その他の悪影響を被る地域住民が33人、である。

原告団長に選任された豊崎満・志茂一保存会会長（1958年生まれ）は原告団結成式で、「街全体の闘いであることを示すためには、少なくとも100人の原告が必要でした。並々ならぬ苦労もありましたが、どうにか達成できてうれしく思います」と挨拶した。

続いて訴訟の代理人となった鳥生忠佑《とりうちゆうすけ》弁護士（1932年生まれ）が登場。重ねて結束の大切さを強調した。

「行政側の主張は矛盾だらけです。が、相手はなにしろ権力ですから、安心してはいけない。苦しいとなれば必ず、ひとりずつ落としていくことを考えてきます。実際、それでダメになった裁判もあるんです」

鳥生氏は権力悪と対峙し、市民の権利を守る法律家として、その道では知らぬ者のない存在だ。富山イタイイタイ病訴訟を勝訴に導き、東北・上越新幹線差し止め訴訟では、騒音や振動の数値規制を明記した和解を成立させている。

彼の率いる王子の「東京北法律事務所」で、あらためて話を聞いた。代理人を引き受けられた理由は？

「都のやり方は、ちょっと酷すぎますしね。この世のものとも思えない。都の思い通りにさせたら、あの辺り一帯は軒並み買い上げられ、巨大資本が群がる、おなじみの展開が目に見えています。70年近くも放置されていた、必要な図面もない計画を、オリンピックのついでに強行しちまえなんてことは許されません。ただ、驚いたのは、現場が北区の清掃工場前を走る道路であることです。私が弁護士になって2年目の1961年にこの清掃工場をめぐる住民訴訟に関わり、全国の公害防止法規の先駆けになる協定を勝ち取った場所ですから」

その鳥生氏が再び最前線に立たざるを得なかった。「日本はいま、大変な状況にある。こんな時に身ぐるみ剝ぐようなやり方は、いかにも安倍政権の世の中ですね」と彼は言う。

東京地裁への提訴は2015年7月27日。原告団結成式には豊島区池袋本町や荒川区西日暮里など、志茂1丁目と同様の状況にある地域の住民代表たちも参加した。裁判闘争の拡大が予感されている。

†住民の質問にまともに答えない行政側

提訴から5ヵ月後の2015年12月7日、補助86号線の予定地に沿って立地する北区清掃工場の「運営協議会」が開かれた。公害防止を目的に、1968年以来、都と区と住民代表らが積み重ねてきた協議決定機関である。

予定の議事がほぼ終了した時、「北清掃工場の環境を考える会」の荻原通弘代表が手を挙げた。

「議題の追加を求める申立書を提出していたのに、なぜ無視するのか。また、代理人弁護士の出席は規則で認められないと言うが、規則と弁護士法のどちらの拘束力が上なのか」

「考える会」は、差し止め訴訟の原告団とも一体だ。そこで荻原氏は、補助86号線が強行されれば排ガス等による環境の悪化は明白で、過去の努力が水泡に帰すので、協議会にも国に工事の認可取り消しを求める決議を、と呼びかけていた。

代理人とは鳥生忠佑弁護士のことだ。同訴訟の弁護団長であり、かつ最初にこの協議会の設置を行政に認めさせた立役者でもあった。

荻原氏の質問に、しかし行政側はまともに答えない。「事前の議案提出という前例がなく、今回も当日の発言になると思った」「代理人は本人が出席できない場合に、という規則」を繰り返すのみ。

と、他の運営委員たち（荻原氏以外の全員が自治会長か町会長）から、「もう退席したい」「私も用があるので、長くなると困る」の発言がチラホラ。「忙しい方ばかりなので、閉会の動議をしたい」という声まで上がった。「閉会でよろしいですか」と座長役の北区生活環境部長。2、3人の拍手があるや、彼は「閉会にさせていただきます」。で、散会と相成った。

傍聴している方が恥ずかしくなった。都合の悪い話は封殺。そのためなら出来レースも当たり前。安倍晋三式の卑劣が末端の隅々にまで行き届いた、政治や行政の絶望的な劣化。

もちろん荻原氏らの原告団は諦めない。東京都政の担当記者たちは何をしているのか。発表モノのお知らせ原稿にかまけている場合じゃないだろう。

*

東京都北区志茂1丁目の〝戦争道路〟計画をめぐる裁判は、その後も「取り消ししかありえない」とする住民側と、のらりくらりとこれをやり過ごそうとする東京都側の間で続けられている。2017年7月には、再三にわたる求釈明にもかかわらず、計画が終戦直後に戦災復興院告示で決定された裏づけとなる文書等を開示しようとしない都に業を煮やした岩井伸晃裁判長の訴訟指揮によって、和解協議に入った。

ややあって岩井裁判長は宇都宮地裁の所長へと栄転。清水知恵子裁判長が後任となった。東京都の態度は変わらない。住民たちの多くは、「あからさまな時間稼ぎだ。俺たちが死ぬのを待っているんだろう」と推測しているというが、2018年7月現在、和解協議は継続されているようだ。

この間には同じ北区の十条地区をはじめ、複数の地域の住民たちが、志茂と同様の提訴に踏み切っている。強引な道路行政が地元の反発を買い、訴訟沙汰に発展するケースは全国的にも急増しつつあると言われ、そのせいか国土交通省は2017年4月、「都市計画道路等に関する課題の点検、見直し」を、全国の都道府県に指示した。

2020年東京オリンピックを大義名分にした市民生活の破壊や分断が、これで少しは通りにくくなる可能性が出てはきた。だが東京都の小池百合子知事は、〝戦争道路〟の推進になお並々ならぬ意欲を燃やしていると伝えられる。安倍政権のやり方がそう簡単に改まるとも考えにくい。これからが正念場である。

2 中小零細業者を苦しめる悪魔の税制

†「消費税に息の根を止められた」

「もうやってられないよ。やればやるほど赤字が膨らむだけだし、セガレに後を託したところで、今以上にひどいことになるのは目に見えているからね。あいつも死ぬまで派遣なのかな」

いつも陽気だったそば屋の親父さんが、身を震わせて怒っていた。5年前（2013年）のある日、最寄りのバス停でたまたま会った時に聞かされた話だ。筆者がよく出前を取っていたその店は間もなく廃業し、ややあって消費税率が8％に引き上げられた。

豆腐屋さんも、酒屋さんも、クリーニング屋さんも、わが家の近所にあった個人経営のお店が次々に消えていく。誰もが同じ嘆きを口にした。「そりゃあ、いろいろあるがね。結局は消費税に息の根を止められたのさ」。

翻って2015年の企業倒産件数を調べてみる。東京商工リサーチが2016年1月に発表した、同社のデータベースからの集計によると8812件で、25年ぶりに9000件を割ったという（負債総額1000万円以上）。それゆえ数字を伝える報道はどれもお気楽だった。〝アベノミクス〟の効果だと現政権をたたえる材料にするものも散見された。

はたしてそうか。同じ東京商工リサーチの、倒産件数以外の調査結果が、筆者には不気味でならない。

すなわち2015年の休廃業・解散件数だ。2万6699件で前年を2・4％下回りはしたものの、これで7年連続の2万5000件超えとなった。3万件の目前に達した2013年がひどすぎたので少しはマシに見えるが、件数そのものはリーマン・ショックのあった2009年を上回っているのである。

しかも、2万6699件は倒産件数8812件の3倍以上。2006年ごろまでの休廃業と解散は倒産のせいぜい1・5倍が相場だったのだから、何のことはない、倒産に追い込まれる以前に見切りをつけてしまう経営者が急増中だということになりはしないか。

以上の調査の対象には、売上高や従業員数などによる線引きがなかった。ただし東京商工リサーチと取引関係のある企業に限られてはいるので、一定以上の規模を擁する企業が多数派だとは言える。

したがって冒頭に紹介したような商店主たちの声が直結する結果ではおそらくない。どのみちわずかなサンプルで全体を証明することもできないが、それでも筆者は、日々の取材活動に加え、自らも文筆の分野で個人事業を営んでいる実感も合わせて、あえて言う。

消費税は悪魔の税制だ。こんなものが基幹税に位置づけられている限り、日本の経済と社会は——GDP（国内総生産）のようなマクロ指標はいざ知らず——すさみきっていく。

†消費税を価格に転嫁するのは〝不可能〟

消費税は仕組みからして異常である。日本国憲法の理念に照らせば、租税は納税者の能力に応じて負担されるべきとする「応能負担原則」が貫かれなければならないはずだが、消費税はあべこべの「応不能原則」とでも呼ばれるべきシステムだ。弱い立場の者ほどより過大な負担を強いられる。

議論の大前提になるおさらいを少しだけ。まず、消費税の納税義務者は年商1000万円以上の事業者であって、消費者ではない。次に、消費税は医療や福祉など一部の例外を除いて原則あらゆる商品・サービスの全流通段階で課されるものであり、消費の現場すなわち小売り段階でのみ課されるものではない。

これら基本中の基本を、実は日本国民の圧倒的多数が知らない。政府は本質を誤解させる広報に躍起だし、マスコミも同調しているからだ。〝消費税〟という名称そのものが意図的なミスリードだと言ってもいい。詳しく論じる紙数はないが、計算方法にウエートを置くなら欧州流に「付加価値税」、実態を重んじれば「取引税」や「売上税」の呼称こそがふさわしいのである。

さて、基本を押さえた上で、中小・零細事業の現実を見ると――。

消費税が一般の理解（誤解）通りに機能するケースがあり得なくはない。電気や水道の料金のような公定価格の場合だ。それなら納税義務者であるところの事業者は、十分な利益を確保した上に消費税分を乗せた税込み価格を設定できる。日本が共産主義体制の国であるならば、消費税を基幹税にしても構わなかったのかもしれない。

だが現実は違う。今日の日本は激烈な競争社会であり、価格は市場原理によって決定されている。事業者が商品やサービスに消費税分を上乗せしたくても、同業他社との競争がそれを許さない。近くに安売りスーパーがある町で、そことかけ離れた価格設定をしていたら、知人や友人でさえ店に寄りつかなくなる道理だ。

あるいは大手メーカーと下請け工場の関係。今時のビジネス環境で、消費税率が上がったからと下請けが発注元に増税分を上乗せした請求書など持って行こうものなら、「二度と面《ツラ》を見せるな」と罵声を浴びるのがオチである。

要は市場経済において消費税を乗せた価格設定は至難の業なのだ。それでも納税義務が免除されることはないので、事業者は自腹を切って消費税を税務署に支払うしかない。これが、いわゆる「転嫁できない」状態というわけだ。「損税」とも言う。

こう書くと必ず返ってくる反論がある。納税義務者がとどのつまりは消費税を納める以上、その分は価格に含まれていたということなのであり、「転嫁できていない」ことにはならない。その事業者が勝手に値引きしただけの話だ、と。

なるほど一面の〝真実〟ではある。ただし帳簿の上でだけの言葉の遊びだ。そうする以外の選択肢は存在しないのだから、実質的には「転嫁できない」としか表現のしようがない。

当然のことながら、8％への増税時には「消費税転嫁対策特別措置法」が用意された。

消費税の転嫁を拒否する下請けいじめは違法だとして、確認されれば公正取引委員会が改善指導をすることになっている。

とはいえ、茶番というほかない。まったく無意味だとまでは言わないが、公取委がすべての取引に目を光らせるのは不可能だ。第一、適正な企業努力と下請けいじめを、そう簡単に区別できるのであれば教えてもらいたい。こんなケースはいかがか。

——安売りスーパーの社長が、仕入れ先の幹部を集めて呼びかけた。

「消費税率が引き上げられて、お客さまの価格に対する関心がひときわ高まっています。わが社はこの苦境をむしろビジネス・チャンスと捉え、増税分を値上げせず、遂に従来よりも安いお値段で商品を提供させていただくことで、一気にシェアを倍増する戦略を構想しています。皆さんもわれわれとともに燃える闘魂と化し、一緒に夢をつかもうではありませんか！」

大幅な仕入れコストダウンなくしては成立し得ない〝戦略〟だ。仕入れ先の各社は軒並み、増税分の転嫁どころか赤字覚悟の値引きを強いられることになるのだが。

単純に〝下請けいじめ〟とは言いにくいのも、また確かなのである。そもそも特措法は、「消費税還元セール」と銘打つキャンペーンを禁じた一方で、消費税を連想させないネーミングのマーケティングには制約を課していない。「春の生活応援セール」とか、「毎月15日はお値打ち価格の日！」とかの適当な言い方をしておけば、大手は――というより、力関係で強い側は――何だってできてしまう。

しかるにマスコミ報道も、それを真に受けた一般世論も、たまに消費税と事業者の関係を扱うたびに、「損税」の反対の「益税」の存在ばかりをあげつらう。

年商1000万円未満の免税事業者が消費税分を上乗せした価格を提示しているケースを指す侮蔑語だが、納税義務はなくても仕入れや設備・備品の調達には消費税分を支払う形なので、短絡的な丸呑み批判は通用しない。何よりも、もともと実質的な上乗せが不可能に近い商いの実態に鑑みれば、商いの現場を知らない人の、ためにする非難でしかないように思われる。

†新規発生滞納税額の6割を占める消費税

消費税の悪魔性は、さまざまな形で現れる。滞納を余儀なくされる納税義務者が異常に多いのもそのひとつだ。

国税庁のデータによれば、2016年度の「新規発生滞納額」は全税目の合計で約62

新規発生滞納額の推移

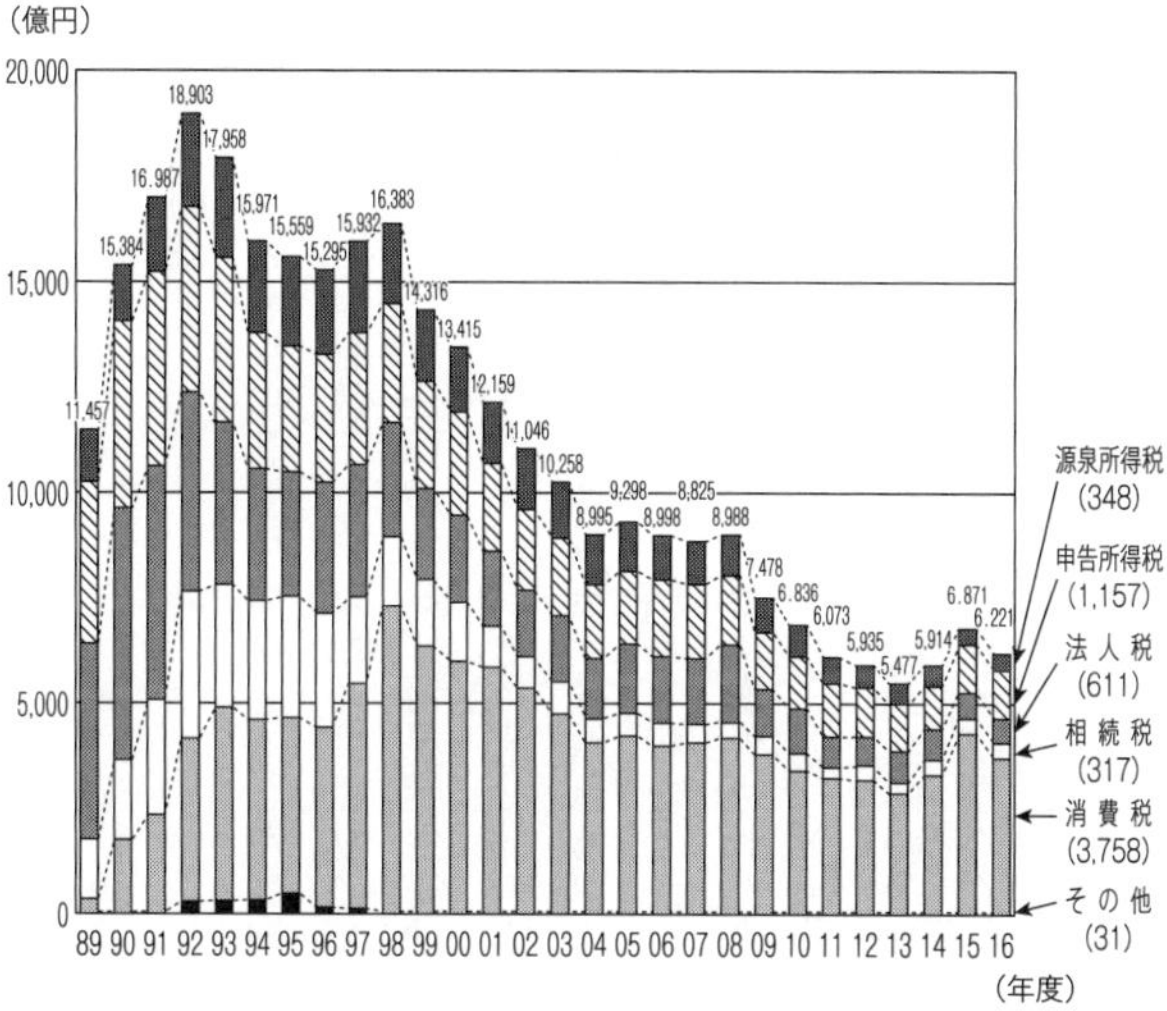

（注）地方消費税を除く。
出所：国税庁

21億円、前年度比9・5%減。このうち消費税は約3758億円で、全体の60・4%を占めていた（図参照）。前年度はこの割合が64・0%だったので、少しはウエートが低くなった格好ではあるけれど。

歳入の6割以上が消費税だというなら、この数字も妥当なのかもしれない。だが実態は35・1%だ。歳入の割合では同程度の所得税や法人税と比べて滞納が多すぎる理由は明々白々である。

所得税や法人税は利益に課せられる。ところが消費税は取引に課せられる税なので、赤字でも、手元に1円もなくても課せられる。あまりに無理のある税制だから、納めようにも納められない納税義務者が珍しくもないから滞納が多い。それだけのことなのだ。

だから1989年に3%でスタートした当初から、少なからぬ滞納が発生していた。ただし当時はバブル経済下だったために目立たず、1997年に5%へと引き上げられたタイミングで激増した経緯がある。新規発生滞納額の50%を超えたのは2009年が最初で、以来、49・7%、53・8%、51・4%と推移してきたが、ついには税率が8%へと引き上げられた2014年度、四捨五入すれば6割という水準にまで高まって、翌2015年度から2年連続で6割超という結果と相なった。

もっとも、この数字とて低めに操作された産物でしかないとも言える。国税庁はかねて〝消費税シフト〟を敷いているのだ。法人税や源泉所得税よりも消費税の取り立てを最優先する大方針で、放っておけば滞納全体の7割にも8割にもなりかねない消費税の無理筋が国民に知れ渡って、税率を引き上げにくくなる危険の予防なのである。

とはいえ国税庁も滞納の状況を極秘扱いするわけにはいかず、公開データだけでもこの税制のデタラメは証明できるニュースなのだが、マスコミが報道しないのでは社会問題にもなりようがない。

いずれにせよ消費税の取り立ての苛烈さは他の税目の比ではなく、非道な差し押さえも横行している。税率がアップしてから従来以上に強権的であることはもちろんだ。

なお、先にバブル時代の消費税について触れたが、弱い立場の者がより多くを負担するしかない消費税は、逆に、売り手市場であれば価格に転嫁しやすくなる特性も伴う。今度は買い手側が弱い立場になるためで、ありがちな〝益税〟説や「所得の少ない消費者の負担が大きい」とする議論が意味を持つのは、本来、この場合だけであるはずだ。

デフレが常態化した現状では、しかし、売り手市場などレアケースと言わざるを得ない。日銀短観等が「景気がいい」とアナウンスしてくる局面でも、経済のグローバル化が進んで国際競争の激化が収まる気配のない時代の基調は買い手市場であり続けるだろう。

とすれば、やはり、「応不能負担」のシステムに中小零細の事業は滅ぼされていく。わかりきっていて、あえてそうさせる不公正が、いまやこの国のルールだというのか。

†〝軽減税率〟適用をオネダリする新聞

さらに許せぬのは、弱者対策を口実にした消費税にまつわる2つの新制度だ。〝マイナンバー〟と〝軽減税率〟。前者は国民一人ひとりが望んでもいないのに強制された「スティグマ・ナンバー」に他ならず、後者は恣意的に特定された分野だけの税率据え置きでしかないのはすでに述べた。そう言えば、イカサマのネーミングも、弱い事業者に与える致命的な負担も、〝消費税〟と共通していた。

もはや多くを論じる必要はないのではないか。ただ、〝マイナンバー〟とはイコール国民総背番号制度であり、いずれ街中に張りめぐらされた顔認証機能つきの監視カメラ網やスマートフォンのGPS機能などとも連動した、ウルトラ監視社会のマスターキーになっていくのだと警鐘を乱打しておこう。

〝軽減税率〟については、対象範囲を決める過程がそのまま与党の政治利権になっただけでなく、この国から新聞および新聞社系が主流の放送ジャーナリズムの〝権力のチェック機能〟を喪失させた無惨は指摘しておかなくてはならない。

日本新聞協会は自らの商品が「民主主義や活字文化を支える重要な公共財」だとして自民党税制調査会に〝軽減税率〟適用の陳情を重ね、週に2回以上発行されるものの定期購読に限って認められたのだったが、業界側がたびたび引き合いに出していた欧州各国のようには市民社会の後押しもないまま、権力にすり寄ったオネダリのツケは、今後、たとえば憲法改正問題をはじめとする重要局面で、どんな見返りの要求となって返ってくることか。

いや、〝権力のチェック機能〟など、とうの昔に消え失せているとする見方もあろう。消費税の本質を断じて報じず、己のオネダリを棚に上げては「お国のためだ、下々は我慢しておれ」のプロパガンダ役に堕し始めた時点で、この構図は準備されていた。プロパガンダ機能のピークを改憲のタイミングに持っていくためにこそ、安倍首相は2012年暮れの総選挙の際、2017年4月の消費税再増税と〝軽減税率〟導入を打ち出したのではなかったか。

自民、公明両党は2015年末、2021年度にはインボイス（税額票）も導入することで合意している。複数税率の下では、請求書等に適用税率および税額が記載されていないと適正な計算が困難であるためだとされるが、実行されれば納税義務のない年商1000万円以下の事業者は取引関係から排除されていく可能性が高い。

消費税額の計算には欠かせない「仕入れ税額控除」（詳しくは拙著『消費税のカラクリ』講談社現代新書、2010年を参照のこと）の関係からで、それでもマスコミは〝益税〟説ばかりを垂れ流しては、生活の糧を奪われていく零細事業者をおとしめ、彼らの破滅を歓迎する世論の形成に貢献することになるのだろう。

消費税という税制の尋常ならざるゆがみは、この国の何もかもを狂わせていく。格差社会などという生易しい表現では語れない、封建時代のような世の中が、このままでは築かれてしまう。引き返すのに必要な時間は、もう、あまり残されてはいないのだ。

3 暴力団排除は何をもたらすのか

†〝暴力団排除〟に対する反対意見

2012年3月31日、福岡県北九州市小倉で、パネルディスカッション「憲法のメルトダウン〜進行する排除社会・消えゆく法の下の平等」(主催・排除の論理を憂う弁護士有志の会)が開かれた。

同地は全国に先駆けて暴排が進められながら、企業への襲撃や抗争など、現実の組織暴力は激化の一途を辿っている、いわば最前線。タイトル通りの立場による集会だけに、パネリストたちの発言の数々には、暴力団排除条例や改正暴力団対策法（暴力団員による不当な行為の防止等に関する法律）の問題点がほぼ出揃っていた。

記録によれば――。

田原総一朗（ジャーナリスト）「一般市民に対して規制を加えている。こいつは暴力団だと警察が決めつけた連中とは、『一緒に飯食うな』とか、『アパートを貸すな』とか。つまり市民に対する規制、やってはいけないという条例なんです。とんでもないことです。それこそファシズムじゃありませんか」

宮崎学（作家）「この暴排条例が暴対法改正に至る流れの中で、やはり大きな利権の構造が生まれてきている。僕はこれを〝コンプライアンス利権〟と呼んでいるんですが」「すべて排除していくという論理の先に待っているものは、より暗い現実ということになっていくだろう。（暴力団は）マフィア化していく道しかないと思います。そうなってくると、捜査そのものも難しくなっていく」

須田慎一郎（ジャーナリスト）「非常に警察の裁量性が高い。警察のサジ加減ひとつで、いとも簡単に犯罪者にも仕立て上げられるということです。あるいは『暴力団協力者』という存在を設定したこと。暴力団に〝近い〟者はほとんど暴力団と同じだという論理を構築したのです」

南丘喜八郎（『月刊日本』主幹）「暴力団は警察が取り締まりの対象とすべき団体、組織です。では、なぜ今度、暴力団が反社会的勢力と呼称を変えたのでしょうか。俺たち警察に代わって一般市民が暴力団に対峙しろ、彼らと正面から向き合うのは一般市民ですよ、警察は一歩退きますよ、これが反社会的勢力という呼称が生まれた理由なんです」

青木理（ジャーナリスト）「警察国家化しつつあるとすら思います。民事不介入だったはずなのに、人々の生活や社会のあらゆるところに警察が首を突っ込み始めている。飲食店や風俗店はもとより、パチンコの景品交換に至るまで、従来はヤクザの特権だったものを警察が取り上げ、自らの利権に変えている。警察こそ、広域組織暴力団です」

反対の論理に共通するイメージは明らかだ。排除の暴走および警察権力と利権の拡大……。タレントの島田紳助が引退に追い込まれなければならない法的根拠はなかったという指摘もあった。

†反社会勢力という曖昧な概念を生み出す

パネルディスカッションの終盤。この前年に福岡県内で発生した、暴力団幹部との関係が深いとされた建設業者9社の社名を県警が公表した〝事件〟に触れた質問が寄せられた。9社のうち半数以上が取引銀行に融資を打ち切られ、事実上の倒産に追い込まれた業者もあったという。

本田兆司弁護士の回答が興味深かった。パネリストたちの問題意識を、より具体的に掘り下げる内容になっている。

「この社名の公表はおそらく罰則、刑罰を受けるより相当大きな影響があると思われるのに、(暴排条例によると)警察行政の一翼を担う公安委員会の裁量で勧告や公表の措置を行うことになっているのですが、私が担当した事件では、きわめて短時間に、相当多数の件数を審査することになり、たとえば警備業の許可を取り消すとか、いろんなものがあるのです。そういう中にいま言われた社名の公表も入ってきて、そこで裁決していくのですが、数十件も事実に当たって審査するなんてできるはずがないのです。

もちろん意見を述べる機会がありますが、実態は、担当警察官がその行為について、『こういうことがありました。だから何々に違反しています』『その結果、はい、こういうふうにしたいんですが』と意見が述べられ、『それで結構です』と言って決まってしまう。ひとつも事実関係を精査する時間すらないのが実態です」

「それと、暴力団員ということで、警察は資料を作っております。この人は暴力団員である、あるいは、暴力団と密接な関係者、準構成員であるという情報を作成しているのですが、何を根拠にしているのか、その個人や企業にはわかりませんし、これが（弁護士会の）民暴委員会や消費者対策委員会の弁護士には情報が提供され、その他の社会的場面で活用され、社会生活の場面で大きな影響を与えることになります。

このように警察権力が社会生活の隅々にまでいろんな形で影響を及ぼしているのが現状でして、今回の暴排条例、暴対法改正問題は、反社会的勢力という曖昧な概念を作り、警察の恣意的な権力の行使を許すことになり、厳しい目で監視する必要があるし、われわれ弁護士も必要があれば、法的に闘っていく必要があると考えています」

暴力団を排除しようとするからには、特定の人物が暴力団員であるのか否かを確定する必要がある。このため、各都道府県警や暴対法に基づき都道府県に設置されている「暴力追放運動推進センター」（暴追センター）は、暴力団への利益供与を禁じられた住民や企業、市町村などの照会に対して情報提供せよとの通達を警察庁から受けている。とすれば予想される結果に照らし、その情報の中身が完璧であるのはもちろん、照会そのものの是非、問い合わせてきた相手の身分なり立場もよほど明確にされなければならない道理だが、現実はどうか。

警察庁では2006年頃から、日本中の暴力団員の情報を集めたオンラインシステムを構築し、全国ネットワーク化する計画を積極的に打ち出していた。暴追センターによる情報提供を円滑に進めるためだとされ、完成されたとの続報は未だに伝えられていないが、その行方や運用のあり方も気になる。

本田弁護士が吐露した懸念を、筆者もまた共有している。この点を糸口にしながら、暴排条例と改正暴対法の本質に迫りたい。

†「暴力団員にも人としての生活がある」

暴排問題に対する有識者の議論は、大きく2通りに分類できる。ひとつは一連の条例や法改正が前面に掲げている、社会からの暴力団の完全な排除。すなわち暴力団の存在そのものを認めない立場だ。大方の犯罪学者や新聞社、テレビ局などに在籍する組織ジャーナリストの圧倒的多数派はこのカテゴリーに属する。というより、警察の姿勢には無条件で従う。暴力団を認めないが独自の見解を展開しているノンフィクション作家・溝口敦氏のような人物は例外的な存在だ。

一方には、暴力団といえども社会的に排除されてはならないとする主張がある。法の下で平等に生きていく権利を脅かすものであり、ヤクザになどなりたくなくても、そうなるしかない人間だっているのだと強調する。フリーの文筆家に目立つ考え方で、前出の宮崎学氏は、2012年1月に出された「『暴力団排除条例』の廃止を求め、『暴対法改定』に反対する表現者の共同声明」でも中心的な役割を果たしていた。冒頭に登場したパネリストたちの他、猪野健治（ジャーナリスト）、魚住昭（ジャーナリスト）、萱野稔人（哲学者）、佐高信（評論家）、辻井喬（詩人、作家）、宮台真司（社会学者）、若松孝二（映画監督）といった面々が賛同者に名を連ねている（辻井氏と若松氏は故人）。筆者もそのうちのひとりだから、本項は必ずしも中立的な視点からのみ綴られたものではないことを、ここで明らかにしておく。

宮崎氏と溝口氏にそれぞれ会って話を聞いた。宮崎氏は次のように語った。

「ある階層の人間はすべて消せ、パクれというのはあまりに乱暴です。個別の違法行為を犯した者を、その都度捕まえればよいだけのこと。若い失業者が増えている現状と暴排とが、いずれ像を結んでいくのではないかと考えると恐ろしい。

全国の暴力団員の合計は約7万人と言われています。でも、その7万人にも親兄弟があり、奥さんも子どももいる。周辺の人間も含めれば、数十万人もの人間の生活があるんです。社会というのは柔軟な構造があってこそ回転していく。硬直化してはいけません。それは悪い奴も大勢いますよ。でも僕は自分に都合の悪い人間も認めたい。暴排で真っ先に排除されるのは俺じゃないかって意識も、もちろんあるけどね」

宮崎氏は1945年、京都・伏見の暴力団組長だった父と、博徒の娘だった母との間に生まれた。早稲田大学法学部中退。学生運動では共産党系ゲバルト部隊の隊長として名を馳せたが除名され、講談社『週刊現代』記者を経て家業の解体業を継いだが倒産させた。

グリコ・森永事件では〝キツネ目の男〟に擬せられ、重要参考人としてマークされた。後に自らの半生を綴った『突破者』で作家デビュー。近年は警察の腐敗追及やアウトローの世界をテーマに執筆活動を続けている。

†「暴力団の存在自体が違法だとする社会になるべき」

1942年生まれの溝口氏もまた、暴力団や創価学会問題などをフィールドとする剛の者だ。早稲田大学第一政治経済学部を卒業し、徳間書店『週刊アサヒ芸能』記者などを経て独立した。1990年に自身が、2006年には長男が襲撃されて、それぞれ重傷を負わされた。後者の事件では山口組系元組員らが逮捕されている。

要は2人とも暴力団に関する当代きっての論客だ。溝口氏の話はこうである。

「暴力団にしか〝就職〟できなかった人々の存在を否定はしませんが、あの同和対策事業特別措置法でさえ、すでに終わっている現実があります。むしろ近年は、逆差別の方こそが指摘されている。これだけ人口が流動化している時代に、まるで敗戦直後のような、被差別部落の出身だから仕方ないなんていう論は、いいかげんにしてほしいと思います。

少数派の排除と言いますが、暴力団の場合、それはサッカーで手を使ってプレーしている選手を排除してはいけないと騒いでいるのに等しいのでは。現代の社会で、暴力犯罪を是とし、日々の営業とする集団を許容すること自体が恥ずかしいということです。

暴力団というのは、そういう議論の対象になるレベルのものではないんです。日本も諸外国に倣って、暴力団の存在自体が違法だとする社会にあらためていかなければならない。文化人がうさんくさい運動の尻馬に乗ることは近視眼的に過ぎるし、敵に塩を送る結果を招きかねません。皆さん、暴力団というものを知らなさすぎるのではないですか。

問題は、暴排条例では暴力団の排除を明確にし、生存権さえ認めない形にしておきながら、改正暴対法が彼らの存在を根底からは否定していない、奇怪なダブル・スタンダードになってしまっていることです。このままでは整合性が取れなくなってしまう。条例にもメチャクチャなところがいくつもあります。それでも私は暴排を推進していくべきだと考える。ともかくも住民に暴力団を排除する機運が芽生えはした。やや希望的観測ではあるし、本来あってはならない形かもしれませんが、暴力団を法的かつ実質的に禁じられる時代への距離が、少なくとも従来よりは近づき始めたのではないかと思うので」

暴力団の排除をめぐる宮崎氏と溝口氏の主張は対極にあるようだ。暴力団の存在自体を認めてはならないとする溝口氏は、しかし、実際に施行されている各地の暴排条例に問題がないと考えているわけでもない。そこで、本人たちの本意ではないはずだが、とりあえずは両者の議論をあえて対立的には捉えず、むしろ共通する部分を抽出しながら論を進める。そうすることが、むしろ暴排のあり方を考える上でも有効だと思われるからである。

†暴力団対策法施行と検挙率の低下

警察は何をもって人を暴力団員と認定するのか。暴排体制の下では、万が一にも誤った情報が広められた場合、甚だしい人権侵害がもたらされる恐れがあるのは、すでに明らかだ。

もとより一般の企業や学校のようには、しっかりした名簿が整っているわけでもない。そもそも構成員の概念も社員とか生徒というのとは大きく異なる。幹部や前科がある者以外は、警察とて末端の暴力団員まで把握するのは相当の困難が伴う。

いずれにせよ表玄関からは得られにくい裏情報を収集し、これを裏づけることのできる捜査能力の有無が鍵を握ることになる。警察は暴力団側の情報源との間でよほど太いパイプを築いておく必要が生じる理屈だが、このことと暴排体制とは矛盾しないだろうか。

興味深い数字がある。『犯罪白書』によると、2010年の一般刑法犯（刑法犯から交通事故の関係を除いたもの）の検挙率は31・4％だった。犯罪大国と言われたアメリカや、他の先進国とどっこいどっこいで、かつて1980年代後半まで70％前後の水準を誇り、〝世界一の警察〟と胸を張っていたのが嘘のようだが、これでもずいぶん持ち直したということではあるらしい。なにしろ20％さえ割り込んだ時期さえあったのだ（2001年）。

検挙率の低下には、さまざまな理由が考えられる。『犯罪白書』は抽象的に、〈種々の社会的・経済的要因が複合的に絡み合っている〉としか説明していないが、マスコミ報道などでは犯罪の多様化、地域社会の相互監視機能および家庭や学校の教育機能の低下、〝キレる老人〟や外国人による犯罪の増加などが挙げられてきた。いずれも間違ってはいないのだろうが、政治的な思惑が込められた見立てのようでもあって、釈然としない。

ところが宮崎、溝口の両氏は、図らずも同様の異論を語ってくれた。彼らは暴排問題を論じる文脈で問わず語りに検挙率の著しい低下を指摘して、口々に続けたのである。

「暴力団から情報が取れなくなったことが大きい」

日本の警察は長い間、暴力団と持ちつ持たれつの関係を続けてきた。江戸時代における「岡っ引き」以来の伝統などと論じられることが多いが、1992年に施行された暴対法には、そうした前近代的とも言える関係を断ち切る意図も込められたというのが定説だ。

†警察の情報収集能力が衰えている

暴対法の制定によって、この国の暴力団は初めて法的に〝反社会的〟な団体として位置づけられた。絶えず警察に敵視されることになったわけで、このため従来は取引次第では警察に情報を提供することも少なくなかった暴力団が、「三ない主義」を標榜するようになったという。

「警察官には言わない、警察官とは会わない、警察官は組事務所に入れない、で『三ない』です。暴力団は裏社会の情報センター的な役割も担っているので、『蛇の道はヘビ』

に頼っていたマル暴の刑事さんたちはだいぶ困ってもいるようですね。どうにか情報ルートを開拓しようにも、へたに動けば、上に『接触するな、逆にこちらの情報を取られるだけだ』と叱られる。ある県警では、知能犯担当の捜査二課から組織犯罪対策の部局に横滑りしてきた幹部が、(暴力団との接触に替わる方法として)『数字の読めるデカになれ』と二課流のやり方を奨励したそうですが、ちっとも成果は上がらなかったとか」

と溝口氏は語る。「捜査能力が落ちたと言われるが、捜査能力など初めからなかったのでは」。

宮崎氏はと言えば、

「特に凶悪事件の検挙率が大きく下がった。警察にはもともと捜査能力なんてありはしなかったし、犯罪が多様化してくればとてもじゃないがやっていけなくなるから、暴排を足がかりにオトリ捜査や司法取引、通信傍受といった新たな捜査手法を進めたい。暴力団に関わる犯罪に対してだけではなくてね。まあ今までだって非合法でやってきたわけだけど、もっとラクに、合法的にできるようにということですよ」

検挙率の低下だけではない。暴対法が施行されてから20年が経過しても、暴力団の勢力は相変わらずだ。構成員および準構成員は当時の約9万人から7万人台に減少したとはいうものの、一般に期待されたほどの効果があったとは言いがたい。山口組および住吉会、稲川会の3団体による寡占化が進み、中でも暴対法制定のはるか以前から警察が壊滅を叫んでいた山口組の力は圧倒的で、今日では「暴力団員2人に1人は山口組」の時代になってしまっているようだ。

そう言えば溝口氏は、警察が暴力団を反社会的だとしながらも、存在そのものを違法とはしてこなかった理由を、次のように推察している。『暴力団』(新潮新書、2011年)からの抜粋だ。

〈考えてみれば、暴力団が存在するからこそ、警察の捜査四課や組織犯罪対策課、暴力団対策室に勤める刑事は膨大な人数を保っていられるのです。(中略)彼らは暴力団にいてもらわなければなりません。

そのためか、毎年刊行される警察庁の『警察白書』では、暴力団の構成員が減ると、準構成員が増えるなど、合計では横這いか微減という傾向が見られます。警察も暴力団の総計を減らしたくないのだなと感覚的にわかります〉

四課や組対課の思惑はさておく。また、検挙率を再び向上させるために暴力団を野放しにするべきだなどという理屈もあり得ないのは当然だが、原因や背景はどうあれ、警察の情報収集能力が衰弱している傾向は確かなようだ。

†暴排体制の矛盾が露呈する

現行の暴排体制では、そのような警察に、暴力団員自身というよりもその周辺、時にはまるで無関係な住民の生殺与奪が握られてしまいかねないことになる。警察はかえって後衛に退き、市井の人々ばかりが暴力団との対峙を迫られるという批判が、ここで重要な意味を帯びてくる。早い話が、すでに現実のものとなっている。

暴排の最前線こと福岡県では2011年から、暴力団と手を切ろうとする企業や会社役員らが銃器や手榴弾で襲撃される事件が相次いでいる。2012年8月から条例に基づいて飲食店の店頭に「暴力団立ち入り禁止」の標章を掲げるようになった北九州市の繁華街では、店の女性がいきなり切りつけられる殺人未遂事件が連続して発生。「次はお前だ」の脅迫電話や放火と見られる不審火も後を絶たず、ほとんどが未解決のままである。

こんなこともあった。全国の宅配便業者が暴力団関係者の荷物は受け付けないことを決めたが、やがて撤回を余儀なくされた。暴力団側が差別的な運用を禁じた貨物利用運送事業法を持ち出し、事業者側が反論できなかったためである。

暴力団側はまた、多様な対抗策を次々に繰り出している。冒頭のパネルディスカッションに参加していた須田慎一郎氏の、2011年10月2日付のブログから。

〈まだ表面化していないようだが山口組は、相当数の直系団体（二次団体）を除籍処分にしたという。とは言っても何らかの不始末があっての除籍ではない。結論を先に言えば、暴排条例シフトと言っていいだろう。

たとえば、除籍になった組織の中には、いくつかテキヤ系のところが含まれていた。つまり「露天商」だ。言うまでもなく「露天商」にとって暴排条例のターゲットになることは、まさに死活問題だ。その理由は、言わずもがなだろう。しかしだからといって、山口組を離脱したテキヤ系団体は、完全に〝シロ〟と言えるのだろうか？　具体的には、宅配業者はそうした団体の、あるいは団体構成員の荷物を扱うことはできるのだろうか？〉

暴排体制とは矛盾の塊であるらしい。長い歴史の過程で形成されてきた、堅気と暴力団とが入れ子になった社会にあって、命がけの覚悟を強いられている人々が大勢いる。

都道府県の広報などを総合すると、飲食店がミカジメ料を支払ったり、ホテルが宴会場を貸し出すのはアウトだが、組事務所に電力やガス、水道を供給したり暴力団員に医療行為を施すのはセーフ。契約を結んだレンタカー会社や組事務所の壁紙を張り替えた内装業者が指導を受けた例がある。では宅配ピザは？　仕出し弁当屋は？　葬儀の申し出を受けた寺院は？――

†暴力団の非合法化と半グレ集団の台頭

溝口敦氏の言う「暴力団の存在自体を認めるべきでない」とする主張に軍配を上げたくなってくる。というより、各地の暴排条例で一般市民に厳しい義務を課した以上、そうこなくては危なすぎて辻褄が合わないはずなのだが、２０１２年７月に可決・成立した改正暴対法は、暴力団の非合法化までは定めていない。

筆者は前述の通り、「『暴力団排除条例』の廃止を求め、『暴対法改定』に反対する表現者の共同声明」の賛同者だ。とはいえ、暴力団の世界に深く食い込み、一方で自身ばかりか長男まで襲撃された体験を持つジャーナリストに「あなたは暴力団を知らない」と言われれば、頷くしかないのも確かなのだった。

暴力団を非合法化した場合、彼らが地下に潜って〝マフィア化〟する必然も、溝口氏は十分に承知している。その上で、「社会や犯罪の複雑化に伴い、犯罪集団のマフィア化はすでに進行している。暴力団の存在を認め続けなければならない根拠になるとは思わない」と語る。

ただし、マフィア化の流れには「半グレ集団」の台頭も含まれよう。既存の暴力団とは一線を画し、けれどもやっていることは限りなく暴力団に近い、つまり半端にグレた、特には看板も強力なネットワークも持たない無軌道な犯罪集団が、近頃は目立ってきた。2010年11月の市川海老蔵殴打事件で有名になった、東京・六本木を根城とする暴走族の集まり「関東連合」OBのグループなどがそれである。

溝口氏によれば、本物のマフィアが跋扈するアメリカやイタリアを除く英、仏、独などの先進諸国では、むしろ彼らのような半グレが主流だという。マフィアか半グレか、暴力団が非合法な国々でも、犯罪集団が撲滅されているわけではない。

半グレ集団の実態は暴力団以上に摑みにくい。いわゆる任侠道の建前もない半グレ集団と暴力団のどちらが一般市民にとって恐ろしいのか、という新たな疑問も湧く。宮崎氏はこう語った。

「そう、ヤクザはどこの国にもいるんです。先進国の多くが非合法にしているのは事実ですが、そのかわり法律を厳格には適用していません。する時には権力が恣意的に運用しますよというのがグローバル・スタンダードであるわけで、日本もそうなってしまうことを僕やパネルディスカッションに参加した文化人、弁護士さんたちは恐れている。僕はグローバル・スタンダード自体が間違いだと考えているのですけれどもね」

どのみち犯罪集団の根絶は不可能であるならば、暴力団の存在を認めるか否かの違いをどこに求めればよいのか。社会正義の規範をあらかじめ曖昧に設定しておく価値観と、絶対の社会正義を標榜しつつ、運用面での調整を図ろうとする価値観の差だろうか。

†グローバル化が招く監視社会

警察は暴排を新たな捜査手法の導入部にするつもりだとした、先の宮崎氏の言葉が気にかかる。

彼が挙げたオトリ捜査や司法取引、通信傍受以外にも、たとえば警察庁の「捜査手法、取調べの高度化を図るための研究会」（座長＝前田雅英・首都大学東京教授）は2012年2月にまとめた最終報告書で、ＤＮＡ型データベースや会話傍受（住居等に同意なく侵入し、録音・録画機器等の監視機器を設置して、対象者の言動を記録して証拠化する）などといったやり方の必要を打ち出し、その後の改正暴対法をめぐる国会審議で、同庁出身の議員がそれらの早期実現を強調していた。

近い将来における暴力団の非合法化を前提に、マフィア化した犯罪集団を抱える米欧式の捜査手法モデルは、なるほどグローバル・スタンダードではあるようだ。このモデルは、そして全国民のプライバシーの問題、さらには監視社会のテーマに直結する。

「研究会」は、まだしも一定の歯止めがかけられてきた一部の監視体制の大幅な拡大を求めるための機関だった。すでに警察は、特段の規制もないまま自家薬籠中のものとした人間監視システムを数多く握っている。全国の市街地に張り巡らされつつある監視カメラ網やこれらと連動する顔認識システムをはじめ、住民基本台帳ネットワークから「マイナンバー」への展開が予定されている国民総背番号制度、携帯電話のGPS機能、CIS-CATS（情報分析支援システム）等々。

マフィア化した元暴力団や半グレ集団は看板も代紋も掲げない。簡単には身元を洗えないのだから、警察は彼らに対する捜査目的を打ち出しておくだけで、全国民をつねに監視の対象として構わないという論理さえ導かれかねないのではあるまいか。

こうなると、もはや暴力団の排除は暴力団だけの問題ではない。「暴排体制において、何をもって暴力団関係者とするのか」という問題設定は、世界中のあらゆる分野にグローバル・スタンダードを要求してくる新自由主義イデオロギーの深部に誘《いざな》っていく。

†新自由主義と「法と秩序」のパラドックス

第3章でも触れた社会学者ジョック・ヤングの著書『排除型社会』から――。

〈現在、秩序正しい大衆を必要としているのは、どこよりも新興産業国家である。近年になって新自由主義《ネオリベラリズム》が先進産業国で勝利を収めたのも、資本にとって周辺にいる人々(もっとも秩序を知らない人々)に秩序を守らせる理由がなくなったためである。今日のアンダークラスの人々は社会から必要とされなくなり、かれらの労働力も不要となった。(中略)かれらの消費欲求はあいかわらず重要であるが、それも容易にコントロールできるものである。(中略)ときには警察がかれらの脅威にさらされることもあるが、そもそも警察は脅したり脅されたりするために雇われているのだから仕方がない。――これが、ジェームズ・Q・ウィルソン(引用者注:犯罪学者。「割れ窓理論」の提唱者のひとり)をはじめとする右派の指導的理論家たちの考え方である〉

〈世界中で採用されるにいたった新自由主義政策は、国家の力を弱めようとするだけではなく、市民社会のあり方をすっかり変えようとしている。社会契約は捨て去られ、下層の人々を目の届かない場所に排除しようとする。(中略)劣悪な施設の学校とつぎはぎだらけの社会サービスしかないような貧しい地域では、警察活動もまたおろそかになりがちである。そこでの警察権力の役割は、住民を守ることではなく監視することにあり、警察はただ厄介な騒動が起きたときだけ出動する。（中略）実際、ウィルソンが述べているように、犯罪や暴動は、自由市場システムが「成功」したことの、必然的な結果である。しかし犯罪は、経済システムにとっては微々たる影響しか与えなくても、市民社会にはきわめて深刻な影響をもたらすこともある。すでに暴力にたいして多くの人々が不寛容になり、より安全な生活環境を求める声が高まっていることがその証拠である。ここにあるのは一種のパラドックスである――システムにとって法と秩序が必要なくなったまさにそのとき、人々は法と秩序を求めるようになった〉（傍点引用者）

原書の"The Exclusive Society: Social Exclusion, Crime and Difference in Late Modernity"は1999年に著されており、ヤングは後年の日本における暴力団排除条例の問題など知る由もなかった。にもかかわらず、この一文は今日のわれわれが直面している状況をものの見事に言い当てている。

＊

なお、冒頭に紹介したパネルディスカッションには後日談があった。溝口敦氏が夕刊紙

『日刊ゲンダイ』(2012年4月9日付)のコラムで、次のような批判を行ったのである。

〈集会の受け皿になったのは地元の弁護士だが、実質は北九州市を根城にする工藤會と推測される。パネリストには講演料が高いことで知られる田原総一朗氏のほか、宮崎学氏などが顔を揃え、工藤會はそれなりに費用を負担したはずだ。

現在、暴力団は暴排条例の施行で社会的な孤立を余儀なくされている。それを少しでも打破しようと、社会に自分たちの存在を容認するよう求めたい。そこにイベント企画が成立する土壌ができるわけで、PR企画としてなかなかのアイディアにちがいない〉

溝口氏によると、「費用負担の話は工藤會の幹部に直接聞いている。宮崎氏には『訴える』と言われ、『どうぞ』と返したが、宮崎氏本人が『日刊ゲンダイ』に、弁護士が私にそれぞれ抗議文を寄越しただけです」という。

事実関係を宮崎氏に確認した。

「事実無根もいいところです。工藤會はそれこそ通信傍受されている団体だ。こんな時にカネなんか受け取れば、僕はそれだけでもパクられる。向こうの方から持って来られたって断るよ。幹部に聞いたと言うなら、きちんと裏を示してもらいたい。溝口氏を名誉毀損で訴えようという話も出たんだが、表現者を自認している者が司法権力を頼るべきではないという結論になりました。この点だけは腹を括っておかないと、ズブズブになってしまうからね」

これ以上はわからない。本稿のテーマとは離れるエピソードだが、2人の主張を並列した筆者としては、そんなやりとりがあった事実は事実として、記しておかないわけにはいかなかった。

初出一覧

第1章　※書き下ろし

第2章

1　ヤンキー政治を支える「草の根」世論――『調査情報』2014年7-8月号「政治のヤンキー化と操られゆく「草の根」の世論」を改題
2　大国化への飽くなき野望――『大阪保険医雑誌』2015年8-9月合併号「経済成長と戦争」を改題
3　質が下がった新聞、腰の引けたテレビ――『Journalism』2016年9月号「質が下がった新聞、腰の引けたテレビ　判断材料を示しきれぬメディアに不安」を改題
4　ポスト真実化が進む日本の政治――『科学』2017年5月号
5　〝憲法改正〟論議と日本の戦後――『現代用語の基礎知識　臨時増刊　ニュース解体新書』2017年10月発行「〝憲法改正〟の潮流を読む」を改題

第3章

1　率直にものを言う「存在者」として生きた――『AERA』2018年3月19日号「時代を読む/追悼　自由を求めた俳人・金子兜太さん逝く　率直にものを言う『存在者』として生きた」
2　伝え続けるんだ、ジョー!!――『AERA』2017年5月29日号「現代の肖像　漫画家ち

ばてつや　伝え続けるんだ、ジョー!!」

3　日本の首相は典型的な〝ケータイ人間〟――『自然と人間』2014年2月号「人間がケータイを持つのは百年早い！」を改題

4　ケータイは支配のための監視の道具――『自然と人間』2014年10月号

5「私は番号ではない」の至言を糧に生きる――『群像』2015年12月号「監視社会を生きる」を改題

6「共謀罪」は社会をどう変えるのか――『WEB RONZA』2017年2月16日付「『共謀罪』が成立すると、どんな社会になるか」、同2月17日付「続・『共謀罪』が成立すると、どんな社会になるか」を改題

第4章

1　住民が激怒した「戦争道路」の復活――『日刊ゲンダイ』2015年7月24〜26日付「戦争道路の復活のなぜ!?①〜③」、同2015年12月16日付「安倍式民主主義の劣化が末端にも」を改題

2　中小零細業者を苦しめる悪魔の税制――『月刊社会民主』2016年3月号「中小零細業者を一層苦しめる消費税」を改題

3　暴力団排除は何をもたらすのか――『都市問題』2012年10月号

※初出時の数字の表記、年月の表記、小見出し、記述の一部を変更している箇所があります。

編集協力／齋藤則教

ちくま新書
1355

日《に》本《ほん》が壊《こわ》れていく
――幼稚《ようち》な政治《せいじ》、ウソまみれの国《くに》

二〇一八年 九 月一〇日 第一刷発行
二〇一八年一〇月一五日 第二刷発行

著　者　斎藤貴男（さいとう・たかお）

発行者　喜入冬子
発行所　株式会社 筑摩書房
東京都台東区蔵前二―五―三 郵便番号一一一―八七五五
電話番号〇三―五六八七―二六〇一（代表）
装幀者　間村俊一
印刷・製本　株式会社 精興社

ISBN978-4-480-07166-8 C0231